지혜

Wisdom

이재록 목사 자기계발서

지혜

Wisdom

이재록 목사 자기계발서

우림

우리는 살면서 순간순간 지혜가 필요합니다. 지혜가 있으면 어려운 일을 피해 갈 수 있고, 혹 어려운 일을 만난다 해도 잘 극복하여 좋은 결과를 낼 수 있습니다. 그래서 잠언 3장 18절에 "지혜는 그 얻은 자에게 생명나무라 지혜를 가진 자는 복되도다" 말씀합니다.

지혜로운 사람을 말할 때 제갈공명을 빼놓을 수 없습니다. 그는 중국 삼국 시대의 지략가로서, 앞일을 정확히 내다보았으며 천기를 읽고 바람의 방향까지 바꾸었습니다. 유비는 덕이 있어 백성의 신망이 두터운 사람이었지만 지혜가 부족했기에 오랜 세월 확실한 기반을 잡지 못했습니다. 지략가를 물색하던 유비는 마침내 제갈공명을 만나 그의 지혜를 따른 결과, 전쟁마다 승리하고 때를 따라 적과 화친하여 강대한 나라를 이루었습니다.

제갈공명은 어떻게 이런 지혜를 가질 수 있었을까요? 신을 인정하는 선한 마음을 가졌고, 자신의 유익을 구하는 욕심이 없었기 때문입니다. 또한 대의를 위해 재능을 사용하니 명철의 길도 훤히 보였습니다. 정치, 경제, 사회, 문화 등 모든 것이 급변하는 시대에는 제갈공명과 같은 지혜를 지닌 인재가 더욱 요구됩니다.

지혜는 크게 두 가지로 분류할 수 있습니다. 사람들의 경험과 학문을 통해 얻을 수 있는 일반적인 지혜와 하나님께서 위로부터 주시는 하늘의 지혜가 있지요. 이 책에서 말하는 지혜는 후자입니다. 사람이 아무리 지혜롭다 할지라도 하나님이 주시는 지혜를 따라갈 수는 없습니다.

우리가 하늘의 지혜를 받으면 자신이 속한 모든 분야에서 풍성한 열매를 내며 그 지혜로써 다른 사람에게도 큰 유익을 줍니다. 최고경영자(CEO)라면 회사를 크게 성장시킬 수 있고, 정치가라면 안정되고 부유하게 나라를 이끌어갈 수 있습니다. 또한 어떤 문제에 부딪혔을 때 명쾌한 방법론이 나오고 형통한 길이 보입니다.

이러한 하늘의 지혜를 받을 수 있는 길이 야고보서 3장 17~18절에 제시되어 있습니다. 이를 중심으로 설교한 "위로부터 난 지혜"를 엮어 한 권의 책자로 발간하였습니다.

총 여덟 장으로 구성된 이 책자는 성결과 화평, 관용과 양순, 긍휼과 선한 열매, 편벽과 거짓이 없는 마음이 곧 하나님의 지혜를 받는 길임을 알려 줍니다. 또한 솔로몬과 다윗, 아브라함과 룻, 요셉과 다니엘 등 성경에 나온 인물들을 통해 사람의 마음을 얻는 비결, 건강하고 부유해지는 비결, 성공 법칙, 나라 발전의 길 등을 깨닫게 합니다.

그동안 책자 발간을 위해 수고하신 빈금선 편집국장과 직원들에게 감사의 뜻을 전합니다. 이 책을 읽는 이마다 하늘의 지혜를 얻어 건강과 부유함을 누릴 뿐만 아니라 어디서나 인정받는 존귀한 사람이 되시기를 주님의 이름으로 축원합니다.

2011년 5월
이재록 목사

CONTENTS

펴내는 글

Chapter 1

금보다 귀한 지혜

Wisdom More Valuable than Gold

이는 지혜를 얻는 것이 은을 얻는 것보다 낫고

그 이익이 정금보다 나음이니라

지혜는 진주보다 귀하니

너의 사모하는 모든 것으로 이에 비교할 수 없도다

잠언 3:14~15

시간이 갈수록 급변하는 세상에서 사람들은 슈퍼맨과 같은 인재를 요구합니다. 가정과 기업, 국가에 시시각각 다가오는 난제들을 탁월한 지혜와 신속한 대처로 무사히 해결하기를 바라지요. 뛰어난 지혜로써 위기에 놓인 애굽(이집트)을 구한 요셉이라는 인물이 창세기에 나옵니다. 그는 나라의 흥망이 달린 문제를 통쾌하게 해결했습니다.

이스라엘의 조상 야곱에게 열두 아들이 있었는데, 그중 열한째 아들인 요셉은 야곱이 가장 사랑하는 아내 라헬에게서 태어나 특별한 사랑을 받았습니다. 그러나 이를 시기한 이복형들의 손에 의해 애굽 왕 바로(파라오)의 시위대장 보디발의 집에 종으로 팔리는 신세가 됩니다. 그곳에서 요셉은 밑바닥 인생을 경험합니다.

아는 사람 하나 없는 낯선 땅에서 오직 하나님을 의뢰하며 성실히 일한 요셉은 얼마 지나지 않아 주인의 인정을 받았고 가정총무가 됩니다. 그는 주인의 재산을 관리하면서 경제와 경영 능력을 갖추어 나갔습니다.

그런데 얼마 후 요셉은 주인 아내의 모함으로 누명을 쓰고 감옥에 갇힙니다. 하지만 하나님이 함께하시니 감옥에서도 전옥(교도소장)에게 신임을 받아 옥중의 모든 사무와 죄수들을 맡아 관리했습니다. 요셉은 이곳에 갇혀 있는 왕의 죄수들에게서 행정과 정치에 관한 일들을 배울 수 있었습니다. 그리고 왕의 술 맡은 관원장의 꿈을 해석해 준 것을 계기로 왕의 꿈을 해석할 기회를 얻었습니다.

왕의 꿈은 장차 애굽에 닥쳐 올 7년간의 풍년과 7년간의 흉년을 예고하는 내용이었습니다. 요셉은 아무도 풀지 못하는 왕의 꿈을 하나님께서 주신 지혜로 풀었습니다. 그리고 그 대비책까지 명쾌하게 제시해 줍니다.

7년간의 극심한 흉년이라는 국가적 재난에 지혜롭게 대처함으로 애굽을 고난에서 벗어나게 만들었습니다. 이로써 애굽은 근동 여러 나라들까지 재난에서 구하며 대국으로 발돋움하게 되었습니다. 고린도전서 1장 25절에 "하나님의 미련한 것이 사람보다 지혜 있고 하나님의 약한 것이 사람보다 강하니라" 하셨으니 하나님께 지혜를 받으면 세상 누구보다 지혜로울 수 있습니다.

왜 지혜가 필요한가?

여러분은 살면서 "좀 더 똑똑하고 현명하면 얼마나 좋을까?"

이런 고민을 해본 적이 있습니까? "어떻게 하면 사업을 더 번창시킬 수 있을까?", "어떻게 하면 직장에서 빨리 승진할 수 있을까?", "어떻게 하면 대인관계를 원만히 할 수 있을까?" 이런 고민은 지혜가 있으면 쉽게 해결할 수 있습니다.

하나님의 일을 할 때에도 지혜가 필요합니다. "어떻게 하면 축복받아 하나님께 영광 돌릴 수 있을까?", "어떻게 하면 가정복음화를 이룰 수 있을까?", "더 효과적인 전도 방법은 없을까?" 이런 고민 역시 지혜가 있으면 쉽게 답을 얻을 수 있습니다.

자신에게 맡겨진 일을 성실히, 열심히 한다고 해서 다 잘되는 것은 아닙니다. 일을 이루는 데 필요한 지식과 그 지식을 잘 활용하는 지혜가 있어야 합니다. 또 자신이 맡은 일만 잘한다고 되는 것도 아니며, 주변 상황이나 사람들 사이에 협력과 소통이 잘되어야 합니다.

지혜 있는 사람은 사람의 마음을 움직일 줄 압니다. "이것이 옳으니까 이렇게 해야 된다." 하고 무조건 밀어붙이지 않습니다. 주변 사람들의 자발적인 협조를 이끌어 내어 물 흐르듯 일을 진행해 나갑니다. 좋은 결과를 얻는 것은 당연하지요. 반면에 지혜 없는 사람은 좋은 일을 할 때조차 사람들의 반발을 불러일으켜 어려움을 겪습니다.

지혜로운 사람은 말 한 마디로도 사랑과 축복을 받는 반면, 미련한 사람은 말 한 마디로 찾아온 기회조차 잃고 곤란을 당합니다. 지혜가 부족하면 노력하고 수고한 것에 비해 열매가 적습니다.

물론 믿음과 사랑으로 씨를 심으면 반드시 열매는 맺힙니다. 그러나 지혜 있는 사람은 하나님을 기쁘시게 하는 방법을 터득하여 행하므로 더 큰 열매를 맺습니다. 기도를 해도 하나님 마음에 꼭 들게 하고, 은혜 받을 기회를 잘 포착하여 놓치지 않습니다. 나아가 은혜의 기회를 스스로 만들어 내기도 합니다.

반면에 지혜가 없는 사람은 원망과 불평 섞인 기도를 합니다. 하나님 앞에 죄의 담을 쌓고 입술의 올무(올가미, 덫)가 되는 기도를 하여 오히려 어려움을 자초하지요. 아무리 기도를 많이 하고 열심히 노력해도 응답이 더딘 것은 이런 이유 때문입니다. 응답과 축복의 길로 속히 가기 위해서는 지혜가 필요합니다. 기도에 응답받는 것도, 열매 내고 축복받는 것도, 더 좋은 천국에 들어가는 것도 지혜가 있으면 지름길로 갈 수 있습니다.

지혜는 진주보다 귀하니

사람들은 저마다 귀하게 여기는 것이 있습니다. 어떤 사람은 명예를, 어떤 사람은 권세를, 또 어떤 사람은 지식을 소중하게 생각합니다. 재물을 가장 귀히 여기는 사람도 있지요. 그러면 하나님 말씀인 성경에는 무엇을 가장 귀하다고 하셨을까요?

"지혜를 얻은 자와 명철을 얻은 자는 복이 있나니 이는 지혜를 얻는 것이 은을 얻는 것보다 낫고 그 이익이 정금보다 나음이니라 지혜는 진주보다 귀하니 너의 사모하는 모든 것으로 이에 비교할 수 없도다 그 우편 손에는 장수가 있고 그 좌편 손에는 부귀가 있나니 그 길은 즐거운 길이요 그 첩경은 다 평강이니라"(잠 3:13~17)

하나님께서는 지혜를 귀히 여기며 그 이익이 정금보다 낫다 말씀하십니다. 사람들이 귀하게 여기는 금이라 해도 그것이 참 생명과 평안을 가져다줄 수는 없습니다. 오히려 금덩어리를 가지고 있으면 불안할 수도 있지요. 하지만 지혜는 누가 훔쳐 갈 수 있는 것이 아닙니다. 또한 얼마큼 활용하느냐에 따라 그 가치가 측량할 수 없이 커집니다.

잠언 4장 7절에는 "지혜가 제일이니 지혜를 얻으라 무릇 너의 얻은 것을 가져 명철을 얻을지니라" 하여 지혜가 제일이라 말씀하십니다. 잠언 16장 16절을 보면 "지혜를 얻는 것이 금을 얻는 것보다 얼마나 나은고 명철을 얻는 것이 은을 얻는 것보다 더욱 나으니라" 하여 지혜와 명철의 가치가 각각 금과 은에 비할 바가 아님을 말씀합니다.

지혜와 명철을 비교해 볼 때 지혜란 쌓은 지식이 활용되는 방법론과 같으며 명철은 길이 보이는 것입니다. 명철하여 나아갈 길이 환히 보인다 해도 지혜가 없다면 명철의 가치가 발휘될 수 없습니다. 그래서 명철보다 지혜가 귀합니다. 명철은 배움을 통해서도 깨우칠 수 있지만 지혜는 마음의 그릇을 갖추어야 가질 수 있기에 더 중요합니다.

하나님의 지혜로 축복을 누린 솔로몬

지혜 하면 빼놓을 수 없는 사람이 바로 솔로몬입니다. 다윗의 뒤를 이어 이스라엘 왕위에 오른 그는 하나님께 정성을 다한 일천 번제를 드렸습니다. 번제란 제물로 가져온 짐승을 태워 그 향으로 하나님께 드리는 제사입니다. 구약 시대의 가장 보편적인 제사법으로서 오늘날로 말하면 부활절, 추수감사절 등의 절기예배를 포함하여 우리가 드리는 모든 주일예배가 이에 해당합니다.

솔로몬이 얼마나 정성을 다해 번제를 드렸던지 하나님께서 그의 꿈에 나타나 "내가 네게 무엇을 줄꼬 너는 구하라"(대하 1:7) 말씀하셨습니다. 그때 솔로몬은 자신의 부귀영화를 구하지 않았습니다. 백성을 잘 다스릴 수 있는 지혜와 지식을 구했지요. 그러자 하나님께서 매우 기뻐하시며 그가 구하지 않은 부귀영화까지 넘치게 주셨습니다.

"부나 재물이나 존영이나 원수의 생명 멸하기를 구하지 아니하며 장수도 구하지 아니하고 오직 내가 너로 치리하게 한 내 백성을 재판하기 위하여 지혜와 지식을 구하였으니 그러므로 내가 네게 지혜와 지식을 주고 부와 재물과 존영도 주리니 너의 전의 왕들이 이 같음이 없었거니와 너의 후에도 이 같음이 없으리라"(대하 1:11~12)

하나님께 받은 솔로몬의 지혜가 얼마나 대단했던지 남방 스바의 여왕이 소문을 듣고 많은 예물을 싣고 지혜를 들으러 오기도 했습니다. 그녀는 솔로몬에게 "당신의 지혜와 당신의 복이 내가 들은 소문보다 더합니다."라며 감탄했습니다.

열왕기상 3장에 나오는 솔로몬의 지혜로운 판결은 유명합니다. 어느 날 솔로몬 왕 앞에 두 여인이 한 아기를 데리고 찾아왔습니다. 솔로몬 앞에 선 두 여인은 그 아기가 자기 아이라고 서로 주장합니다. 사연은 이랬습니다.

두 여인은 한 집에 살며 비슷한 시기에 아기를 낳았습니다. 그런데 한 여인이 자신의 실수로 아이가 죽자 밤에 몰래 다른 여인의 아기와 바꿔 놓았습니다. 아침이 되어 자기 곁에 남의 아기가 죽어 있는 것을 본 여인은 몹시 당황했습니다. 두 여인은 옥신각신하다 솔로몬에게 재판을 청하러 온 것입니다.

이에 솔로몬은 신하에게 칼을 가져와 아이를 둘로 나누어 반쪽씩 주라고 합니다. 그러자 진짜 어머니는 마음이 불붙는 것 같아서 제발 아이를 죽이지 말고 상대방 여자에게 주라고 애원했지요. 반면 다른 여인은 아이를 반쪽으로 나누라는 왕의 판결에 만족해합니다. 그 모습을 본 솔로몬은 애원하는 여인이 진짜 어머니라며 그녀에게 아이를 돌려 주었습니다. 자기 목숨보다 자녀를 사랑하는 어머니의 마음을 안 것입니다. 지혜가 있으면 이렇게 억울함을 풀어 주고, 현명한 판단으로 주변 사람들을 고개 숙이게 만듭니다.

지혜로운 여인 아비가일

아비가일은 죽을 수도 있는 상황에서 지혜롭게 처신하여 복을 받은 여인입니다. 다윗이 사울 왕을 피해 도망 다니던 때의 일입니다. 다윗은 일행들의 갈증과 굶주림을 해소하기 위해 근방의 부호인 나발에게 도움을 요청했습니다. 다윗은 예전에 나발의 가축들을 지켜 준 일이 있었습니다. 그런데 나발은 다윗이 자신을 낮추어 도움을 요청하는데도 업신여기며 비굴한 사람으로 몰았습니다.

다윗은 무장한 사백 명을 데리고 나발을 치기 위해 그의 집으로 향합니다. 그 소식을 나발의 아내 아비가일이 들었습니다. 그녀는 급히 떡과 포도주와 각종 음식을 준비하여 나귀에 싣고 다윗을 만나러 갑니다. 여기서 우리는 아비가일의 지혜를 배울 수 있습니다. 사울 왕에게 쫓겨다니던 다윗 일행에게 가장 필요한 것은 음식이었습니다. 그래서 경황이 없는 중에도 서둘러 음식을 준비한 것입니다. 다윗을 만난 아비가일은 그의 발에 엎드려 지극히 겸손한 자세로 다윗을 높여 줍니다.

"내 주여 청컨대 이 죄악을 나 곧 내게로 돌리시고 여종으로 주의 귀에 말하게 하시고 이 여종의 말을 들으소서 원하옵나니 내 주는 이 불량한 사람 나발을 개의치 마옵소서 그 이름이 그에게 적당하니 그 이름이 나발이라 그는 미련한 자니이다 여종은 내 주의 보내신 소년들을 보지 못하였나이다"(삼상 25:24~25)

그녀는 남편이 죽을죄를 지었지만 자신을 보고 용서해 달라며 진실하게 간청했습니다. 그런 다음 지혜로운 말로 다윗의 좋은 점을 칭찬하며 마음을 풀어 줍니다. 그리고 다윗이 사람을 죽여 피를 흘리면 하나님께서 기뻐하지 않으실 것임을 은근히 깨우쳐 주기까지 합니다. 진심 어린 말로 용서를 비는 아비가일의 모습에 다윗은 "오늘날 너를 보내어 나를 영접케 하신 이스라엘의 하나님 여호와를 찬송할지로다 또 네 지혜를 칭찬할지며 또 네게 복이 있을지로다"(삼상 25:32~33) 하며 마음이 풀어집니다.

아비가일이 다윗의 마음을 달랜 뒤 집으로 돌아와 보니 나발은 왕처럼 잔치를 벌여놓고 몹시 취하여 기뻐하고 있었습니다. 그녀는 아침이 될 때까지 남편에게 아무런 말도 하지 않았는데, 이것도 지혜입니다. 술 취한 사람에게 안 좋은 일을 말했다가 무슨 일을 당할지 알 수 없기 때문입니다.

술에 취하면 감정을 다스리기 어렵습니다. 앞뒤를 살펴 이성적으로 행동하기가 쉽지 않지요. 화가 나서 흥분한 사람도 마찬가지입니다. 자신에게 유익이 되는지, 손해가 되는지 분별하지 못하고 거침없이 말하고 행동합니다. 나중 일을 생각지 못하는 것입니다. 이렇게 감정을 다스리지 못하는 사람들은 늘 후회할 일이 생기지요.

지혜로운 아비가일은 이런 사실을 잘 알았기 때문에 이튿날 남편이 술이 깬 뒤에 '어제 이런 일이 있었다'고 전했습니다. 자칫 자신이 죽을 수도 있었다는 생각에 놀란 나발은 낙담하여 몸이 돌처럼 굳어졌고 열흘 후에 죽고 말았습니다.

아비가일은 지혜로운 언행으로, 자신과 온 가족이 죽임당할 위기를 모면하게 했지요. 그러나 미련한 나발은 죽음의 길을 가고 말았습니다. 이처럼 지혜로우냐, 지혜롭지 못하느냐에 따라 일이 쉽게 풀릴 수도 있고, 사소한 일이 큰 문제로 발전할 수도 있습니다.

어떤 보화보다 귀한 지혜를 얻기 원하는 분이라면 하나님께 구하십시오. 야고보서 1장 5절에 "누구든지 지혜가 부족하거든 모든 사람에게 후히 주시고 꾸짖지 아니하시는 하나님께 구하라 그리하면 주시리라" 하셨으니 지혜의 근원이신 하나님께 구하여 범사에 형통하고 풍성한 축복을 누리시기 바랍니다.

Chapter 2

성결의 지혜

위로부터 난 지혜란

성결한 마음에서 나오는 선의 지혜

오해받을 때에도 마음에 선이 있으면

선이 없는 지혜는 헛된 지혜

신한 지혜가 없었던 압살롬

범사에 선을 행하면 평안과 축복

오직 위로부터 난 지혜는

첫째 성결하고

야고보서 3:17

세상에서는 악하고 간교한 꾀도 지혜라 여기는 사람들이 있습니다. 그러나 하나님께서는 이를 미련하다 말씀하십니다(고전 3:19). 악한 꾀를 써서 얻은 열매는 하나님께서 지켜주시지 않으므로 언제든지 사라질 수 있기 때문입니다. 물론 악한 꾀를 쓴 사람이 평안하게 잘 사는 것처럼 보일 때도 있습니다. 하지만 겉으로는 형통하게 보여도 그 삶을 들여다보면 많은 고민이 숨어 있을 수 있습니다.

승승장구하다가도 어느 순간에 감당할 수 없는 위기를 맞기도 합니다. 사고 혹은 사업의 부도를 맞거나 불치병이 찾아와 고통받기도 하지요. 가족 중에 누군가 문제를 일으켜서 아픔을 주기도 합니다. 이러한 상황에서 어찌하든 자신의 지혜와 능력으로 해결해 보려 하지만 속수무책인 경우가 많습니다. 그러나 하나님께 지혜와 도우심을 받으면 전혀 다릅니다. 모든 일에 형통하며 가정이나 학교, 직장 등 자신이 있는 곳에서 사랑을 받고 하나님께 영광 돌릴 수 있습니다.

위로부터 난 지혜란

'지혜'를 사전에서 찾아보면 '사물의 이치를 밝히고 시비와 선악을 판별할 수 있는 능력'이라 정의되어 있습니다. 오늘날 학교 교육이 지식 주입에 치우친다고 비판하는 사람들이 있습니다. 그 대안으로 스스로 문제를 해결할 수 있는 지혜를 길러주는 교육을 제시합니다. 그렇다면 지식과 지혜는 어떤 관계일까요?

갓 태어난 아이는 백지와 같이 기억 장치에 아무런 지식도 들어 있지 않습니다. 자라면서 주변 사람들로부터 보고 듣고 배운 것을 기억장치에 저장하는데 이것이 지식입니다. 이렇게 쌓은 지식을 적절히 잘 배합하여 활용하는 것이 지혜이지요. 지식을 얼마나 잘 활용하느냐에 따라 지혜롭다 말하기도 하고 지혜롭지 못하다 하기도 합니다. 이 지혜는 성공적인 삶을 위해서나 많은 영혼을 구원하며 하나님의 나라를 이루는 일에나 모든 분야에 필요합니다. 과연 어떻게 해야 지혜를 받을 수 있을까요?

"오직 위로부터 난 지혜는 첫째 성결하고 다음에 화평하고 관용하고 양순하며 긍휼과 선한 열매가 가득하고 편벽과 거짓이 없나니 화평케 하는 자들은 화평으로 심어 의의 열매를 거두느니라" (약 3:17~18)

'위로부터 난 지혜'란, 하나님의 지혜를 말합니다. 잠언 9장 10절을 보면 "여호와를 경외하는 것이 지혜의 근본이요" 말씀하셨고, 잠언 16장 6절에는 "여호와를 경외함으로 인하여 악에서 떠나게 되느니라" 하셨습니다. 하나님을 경외하여 악은 모양이라도 버리고 성결을 이루는 것이 하나님의 지혜를 받는 길이라는 말씀입니다.

선과 사랑, 진리 자체이신 예수님께서는 사람들을 가르칠 때에 하나님의 지혜로 말씀하고 행하셨습니다. 하루는 한 율법사가 예수님을 시험하기 위해 어떻게 영생을 얻을 수 있는지 물었습니다(눅 10장). 예수님은 율법사의 의도를 간파하시고 오히려 질문을 하셨습니다.

"율법에 무엇이라 기록되었으며 네가 어떻게 읽느냐?"

그러자 율법사는 대답합니다.

"네 마음을 다하며 목숨을 다하며 힘을 다하며 뜻을 다하여 주 너의 하나님을 사랑하고 또한 네 이웃을 네 몸과 같이 사랑하라 하였나이다."

이에 예수님은 "네 대답이 옳도다 이를 행하라 그러면 살리라." 말씀하십니다. 자신의 의도와 달리 아무 꼬투리도 잡지 못한 율법사는 또다시 묻습니다. "그러면 내 이웃이 누구오니이까?"

예수님께서는 그가 겉으로는 하나님을 사랑한다고 하지만 마음에 사랑이 없음을 아셨습니다. 그러나 상대의 감정이 상하지 않으면서 깨우칠 수 있도록 비유를 들어 설명하십니다. '어떤 사람이 길을 가다가 강도를 만나 거의 죽게 되었을 때 제사장도 그냥 지나가고 레위인도 지나갔지만 사마리아 사람이 보고 돌봐주었다면 누가 그의 이웃이 되겠느냐'는 것입니다.

당시 사마리아인은 이방 민족과 혼혈되었다는 이유로 유대인들에게 천대를 받았습니다. 율법사는 예수님의 질문에 어쩔 수 없이 "자비를 베푼 자니이다."라고 대답하였습니다. 그러자 예수님께서는 "너도 이와 같이 하라."고 말씀하십니다. 율법사에게 이웃 사랑이 없음을 직접적으로 언급하지 않으면서도 충분히 깨우칠 수 있도록 하신 것입니다.

성결한 마음에서 나오는 선의 지혜

마음에 선이 부족한 사람은 이러한 예수님과 같은 상황을 만나면 상대를 찌르기도 하고 무안을 주기도 합니다. "지금 나를 곤경에 빠뜨리려고 시험하는 거지?", "네 마음을 내가 모를 줄 알아?" 할 수 있지요. 직접적으로 찌르지 않더라도 상대의 악한 의도를 눈치 채고 비꼬는 말로 되갚아 주기도 합니다.

선한 지혜가 있는 사람은 그렇지 않습니다. 상대를 무시하거나 감정을 건드리지 않으면서 스스로 깨우칠 수 있도록 합니다. 이것이 하나님이 주시는 지혜요, 선의 지혜입니다.

하나님은 빛이시요, 선 자체이십니다. 그래서 우리가 죄악을 버리고 빛 가운데 거하며 성결한 만큼 성령의 인도와 주관을 받고 하늘로부터 지혜를 받습니다. 하나님의 지혜를 받는다는 것은 성령의 음성을 듣고 주관을 받는 것과 흡사합니다. 성령의 음성을 듣거나 주관을 받는다는 것은 하나님의 자녀들이 하나님과 교통하는 것을 말합니다. 하나님과 교통하기 위해서는 마음에 악이 없는 것이 기본 조건이듯이, 지혜를 받을 때에도 마음에 선이 있는 만큼 더 섬세하고 깊이 받습니다.

하나님께서 알려 주시는 지혜는 항상 선한 방법으로 나옵니다. 마음에 악이 있으면 누군가 선한 지혜를 알려 준다 해도 그 방법을 따르기가 쉽지 않습니다. 그러므로 먼저 마음의 악을 버리는 것이 지혜를 받고, 지혜가 주는 유익을 얻을 수 있는 길입니다.

지혜로운 사람은 이런 것을 깨달아, 하나님의 마음을 움직이는 선한 기도를 드립니다. 어느 구역장의 모습을 비유 들어 보겠습니다. 나름대로 구역을 위해 노력하는데도 부흥이 더딘 것 같고 구역원들이 불평하며 힘들게 한다고 합시다. 그럴 때 악이 없는 만큼 선하고 지혜로운 기도를 할 수 있습니다.

"아버지 하나님, 구원받은 것만도 감사한데 저 같은 사람에게 구역장 사명을 주시니 감사합니다. 이 사명이 너무 소중합니다. 하나님의 은혜를 갚기 위해서 더 열매를 내기 원합니다. 또한 구역 식구들을 내 몸같이 사랑하며 섬기기를 원합니다. 하나님의 능력을 힘입으면 할 수 있사오니 날마다 새 힘과 능력을 주소서. 주님의 사랑과 눈물이 있사오니 그 안에서 열매를 낼 수 있나이다. 저의 부족함을 깨달아 속히 변화되게 도와주소서. 때로 구역 식구들이 저를 사랑하여 해 주는 권면도 감사하게 받으며 더욱 하나 되어 열매 내게 하소서."

마음에 악이 없는 사람은 주변 사람들과 대화할 때에도 상대의 마음을 헤아려 선한 표현을 씁니다. 곱고 은혜로운 말, 누가 들어도 덕스러운 말을 합니다. 기도할 때에도 하나님 마음을 아프게 할 만한 표현은 하지 않습니다. 그런데 선한 말이나 기도는 자신이 노력한다고 해서 되는 것이 아닙니다. 마음에 악이 있으면 은연 중에 악이 배어 나오지요. 반대로 마음이 선하면 자연히 선한 기도, 선한 말만 나오는 것입니다.

오해받을 때에도 마음에 선이 있으면
살다 보면 자신이 하지 않은 일이나 말로 인해 주변 사람에게 오해를 받는 경우가 있습니다. 자신은 선한 의도로 했는데 도리어 난처한 입장에 놓이거나 비방을 당하는 경우도 있지요. 이럴 때에는 시시비비를 따지는 것보다 하나님이 역사하시도록 맡겨 드리는 것이 낫습니다(잠 3:6). 자기 입장을 변명하면 할수록 잘못된 인식만 쌓이기 때문입니다. 또한 변론하여 억울함은 밝혀낸다 해도 그 과정에 타인의 허물이 드러날 수도 있습니다.

설령 그렇지 않다 해도 서로 감정이 상해 큰소리를 내다가 관계가 불편해지기도 합니다. 오해하고 판단했던 사람 편에서는 자신의 잘못이 드러나니 더욱 감정을 품는 것입니다. 디모데후서 2장 23절에 "어리석고 무식한 변론을 버리라 이에서 다툼이 나는 줄 앎이라" 했습니다. 변론하다 보면 다툼이 생기고 화평이 깨져 서로 등을 돌리는 일이 생깁니다. 따라서 지혜롭고 선한 사람은 변론하지 않습니다.

이럴 때 차라리 잠잠하고 상대를 품어주면 진실이 전해져 자연스럽게 오해가 풀립니다. 사실이 밝혀졌을 때 상대의 마음이 녹아 깊은 신뢰관계가 형성되지요.

여러분에게 예상치 못한 어려운 일이 다가오면 힘들어하는 것이 아니라 '그 안에는 하나님께서 뭔가 깨우쳐 주시려는 것이 있다'고 생각을 바꿔 보시기 바랍니다. 그리고 성령의 도우심을 받아 기도하면 그것이 오히려 축복의 기회가 될 수 있습니다.

잠언 3장 6절에 "너는 범사에 그를 인정하라 그리하면 네 길을 지도하시리라" 말씀합니다. 억울하다고 변명하기 위해 애쓰는 것이 아니라 잠잠히 하나님의 뜻을 깨닫고자 하면 자신을 발견하게 됩니다. 어떤 면이 부족하여 왜 지킴 받지 못했는지 깨닫고 변화되는 기회로 삼을 수 있습니다. 혹여 억울한 일을 당했다 해도 상관없습니다. 하나님께서 다 보고 계시며, 때가 되면 갚아주시기 때문입니다. 이것이 성결의 지혜입니다.

아무리 지혜의 말씀을 배운다 해도 마음에 악이 있으면 내 것으로 삼을 수 없습니다. 자존심이 상하고 억울한 마음에 입술로 원망과 불평을 쏟아낸다면 시험을 통과하지 못하지요. 그러니 악을 버리고 성결될 때라야 지혜의 열매를 맺을 수 있습니다.

선이 없는 지혜는 헛된 지혜

자신에게 악이 있을 때에는 어떨까요? 평소 상대를 배려하지 못하는 사람, 자신의 입장에서만 생각하여 원망 불평하는 사람은 하나님께도 그러합니다. 예를 들어, 선하고 감동적인 기도를 해야 한다는 것을 알아도 악이 있으면 그것이 기도 속에 묻어나옵니다.

"아버지 하나님, 사명 주심에 감사하여 그동안 힘써 시간과 물질을 들여 감당했나이다. 그런데도 하나님께서 응답해 주시지 않아 부흥이 안 됩니다. 저는 최선을 다했지만 구역 식구들이 화평을 깨니 너무 지치고 힘이 듭니다. 저에게 힘을 주시고 구역 식구들도 선하게 변화되게 하소서. 새신자도 보내주셔서 부흥하게 하소서. 기도에 응답하실 줄 믿습니다."

사명을 주심에 감사하고 믿음으로 고백하는 것처럼 보이지만, 실제로 들여다보면 마음에 부족한 선과 믿음이 기도 한 마디 한 마디에 드러납니다. '사명 주심에 감사하여'까지는 좋지만, 다음부터가 문제입니다. 자신의 노력과 시간과 물질을 투자하여 열심히 감당했는데, 하나님께서 응답해 주시지 않아 부흥이 안 된다는 것입니다. 문제를 하나님 탓으로 돌리고 있지요. 더구나 구역 식구들이 화평을 깨니 사명이 힘들다고 하면서 그들을 변화시켜 달라는 것입니다.

마음에 악한 감정이 있으면 "선하게 기도하라"는 지혜의 말씀이 있어도 그것을 활용할 줄 모릅니다. "감사하라" 해도 마음에 원망이 가득 차 있으니 감사의 표현이 나오지 않지요.

믿음 없는 부정적인 기도, 남의 탓을 하는 기도를 할 수밖에 없습니다. 과연 내 기도가 하나님이 기뻐하실 만한 기도인지 살펴보시기 바랍니다. 혹여 하나님을 서운케 하는 기도, 응답받지 못할 기도를 하지 않는지 잘 분별해야 합니다.

아토피성 피부염으로 잠 못 이루는 아이를 둔 여 성도가 있었습니다. 밤마다 가려워서 보채는 아이를 위해 그분은 '어떻게 하면 아이의 몸에 상처가 나지 않으면서 시원하게 해 줄까?' 생각하며 정성 다해 보살폈습니다. 밤새 뒤척이던 아이는 엄마의 따스한 손길 아래 곤히 잠이 들었고, 엄마는 동이 터 오는 하늘을 바라보며 이런 기도를 올렸다고 합니다.

"하나님! 자녀의 질병은 부모로부터 오는 경우가 많다고 들었습니다. 제가 신앙생활을 바르게 하지 못하여 아이가 고통 받고 있으니 저를 용서해 주세요. 제가 신앙생활을 제대로 하지 못하였을 때 하나님께서도 얼마나 안타까우셨을까요? 이렇게 깨우침을 주시니 감사합니다. 더욱 믿음을 가지고 천국을 소망하며 힘차게 달려가도록 도와주옵소서."

이분은 부모의 마음으로 자신을 바라보시는 하나님 마음을 느꼈습니다. 그래서 아이의 질병에 대해 조금도 불평하지 않았습니다. 자신의 신앙을 돌아보며 회개하였고 감사 기도를 드렸지요. 이 처럼 우리가 선한 기도를 올릴 때 하나님께서도 감동하셔서 신속히 응답하십니다.

반대로 "왜 내 아이만 이렇게 아파서 나를 힘들게 할까?" 불평하며 원망의 기도를 한다면 응답받을 수 있을까요? 같은 처지에 있다 해도 어떤 마음으로 기도하느냐에 따라 응답을 빨리 받을 수도 있고 그렇지 않을 수도 있습니다. 하나님께서는 선한 기도를 기뻐하시며 신속히 응답해 주십니다(약 5:16).

선한 지혜가 없었던 압살롬

성경에는 좋은 배경과 자질을 가지고도 잘못된 인생을 살다간 사람들이 나옵니다. 한 예로, 사무엘하 14장 25절을 보면 "압살롬같이 아름다움으로 크게 칭찬받는 자가 없었으니 저는 발바닥부터 정수리까지 흠이 없음이라" 했습니다. 압살롬은 다윗의 셋째 아들로 외모가 출중하고 지혜도 뛰어났지만 마음이 악하여 자신의 지혜를 악한 데 사용한 사람입니다.

압살롬은 이복 맏형인 암논이 자신의 여동생 다말을 범한 일로 분개하였습니다. 게다가 아버지 다윗이 암논의 잘못에 대해 아무런 징계를 내리지 않는 것도 불만이었습니다. 그는 자신의 감정을 섣불리 드러내지 않고 기회를 엿보고 있었습니다. 2년 뒤, 압살롬은 양털 깎는 행사에 암논을 초대한 후 부하들을 시켜 그를 죽입니다.

누이동생의 복수를 한 압살롬은 다윗을 피해 멀리 달아납니다. 시간이 흐르고 이 일로 슬퍼하는 다윗의 마음을 헤아린 요압 장군이 그를 찾아 다시 예루살렘으로 데려왔습니다. 다윗은 이후로도 2년 동안이나 압살롬을 만나 주지 않습니다. 자기가 아버지 눈 밖에 났다는 것을 안 압살롬은 앙심을 품고 반역을 도모합니다. 그 과정을 보면 대단히 치밀합니다. 심복 무사들을 키우고 무기와 병거를 마련하며, 반란을 일으킬 친위부대를 양성했습니다. 그리고 교묘하게 백성들을 포섭해 나갔지요.

"사람이 가까이 와서 절하려 하면 압살롬이 손을 펴서 그 사람을 붙들고 입을 맞추니 무릇 이스라엘 무리 중에 왕께 재판을 청하러 오는 자들에게 압살롬의 행함이 이 같아서 이스라엘 사람의 마음을 도적하니라"(삼하 15:5~6)

마치 아버지 다윗이 백성을 사랑하지 않고 압살롬 자신은 백성을 사랑하는 것처럼 가장하여 민심을 얻고 신뢰를 쌓아갔습니다. 그는 마침내 때를 잡아 다윗 왕에 대항하여 반란을 일으켰습니다. 다윗은 황망히 쫓기는 처지가 되었지요.

압살롬은 다윗의 수하에 있는 모사 아히도벨까지 자기 편으로 만들었습니다. 아히도벨의 지략이 얼마나 뛰어났던지 그가 어떤 모략을 베풀면 그것이 하나님의 방법과 일반이라 할 정도였습니다 (삼하 16:23).

이렇게 착착 진행되는 것처럼 보였던 압살롬의 반역은 실패로 끝나고 맙니다. 왜 그랬을까요? 하나님께서 그의 지혜를 어둡게 하셨기 때문입니다. 모사 아히도벨이 단번에 다윗을 제압할 작전을 내놓았는데도 압살롬은 그 제안을 받아들이지 않았습니다. 오히려 다윗에게 유리한 작전을 제안한 후새의 말을 들었지요.

지혜로운 압살롬이었지만 하나님께서 그의 판단력을 흐리게 하시니 멸망의 길을 택하고 말았습니다. 그로 인해 다윗의 부하들이 전열을 가다듬고 반격할 여유를 얻었습니다. 아무리 지혜가 있다 한들 그 지혜로 형을 죽이고 아버지의 왕권에 도전하다가 비참한 최후를 맞았으니 얼마나 허무한 일입니까?

이처럼 성결이 없는 지혜는 헛됩니다. 선하지 않으면 아무리 지혜로운 말을 들어도 분별이 되지 않으므로 소용이 없습니다. 반면 성결된 마음에 선한 지혜를 얻으면 범사에 자신이 마땅히 말할 바와 행할 바를 분별할 수 있습니다. 말과 행동이 하나님 안에서 보장을 받고 응답과 축복의 열매를 풍성히 맺을 수 있습니다.

범사에 선을 행하면 평안과 축복

우리 교회 한 여 성도는 심한 위궤양과 불면증으로 몸무게가 18킬로그램이나 줄었는데 살아 계신 하나님을 만나 치료받고 열심히 신앙생활을 했습니다. 바쁜 중에도 각종 예배에 참석하며 기도를 쉬지 않고 주어진 사명에 충성하셨지요.

그런데 어느 날 자신이 운영하던 음식점에 어이없는 일이 생겼습니다. 단골 고객이 가까운 곳에 똑같은 음식점을 개업한 것입니다. 게다가 이분이 미국에 출장간 사이 요리사마저 스카우트해 갔습니다.

이런 상황이면 그 음식점으로 달려가 "세상에 이럴 수가 있습니까? 어떻게 내가 없는 사이에 우리 종업원을 데려가고 더군다나 바로 옆에 음식점을 낼 수 있습니까? 양심이 있다면 그렇게 못합니다!"라며 따질 수도 있습니다.

배신감과 함께 미운 감정이 들었을 법도 한데 성도는 "하나님, 우리 음식점도 잘되고 저분 음식점도 잘되게 해 주세요."라고 기도했습니다. 또 그 음식점 주인을 만나면 공손히 웃는 낯으로 인사하는 것도 잊지 않았습니다. 상대가 오히려 무안해하며 피할 정도였지요. 이렇게 선을 행한 결과 어떻게 되었을까요? 수개월 뒤 상대편 음식점이 문을 닫았고, 그곳의 고객이 고스란히 이분 음식점으로 오게 되었습니다.

이처럼 아무리 억울한 일을 당한다 해도 감정을 품지 않고 범사에 선한 길을 택한다면 하나님께서는 그 중심을 보고 축복으로 바꿔 주십니다.

하나님께서 인정하시는 선한 마음을 이루어 설령 자신에게 피해를 주는 사람에게도 감동과 기쁨을 줄 수 있다면 그가 가는 곳마다 하나님의 축복이 따르지 않겠습니까. 그러니 하나님께서 인정하시는 선한 마음을 이루고 그 마음에서 나오는 지혜로써 더욱 행복한 가정과 일터, 사업터를 만들어 나가시기 바랍니다.

Chapter 3

화평의 지혜

오직 위로부터 난 지혜는

첫째 성결하고 다음에 화평하고

야고보서 3:17

우리가 마음에 품는 감정들은 건강에 큰 영향을 미친다고 합니다. 분노는 간을 상하게 하며, 근심 걱정은 위장을 상하게 하지요. 또 두려움이나 공포는 신장 기능을 저하시킵니다. 잠언 14장 30절에 "마음의 화평은 육신의 생명이나 시기는 뼈의 썩음이니라" 말씀한 것처럼 미움, 질투, 분노 등은 우리 몸에 악영향을 끼칩니다. 오늘 하루 여러분 안에는 어떤 감정이 있었습니까?

사람은 누군가와 함께 살아갑니다. 어려서는 가정에서 부모의 보호 아래 살아가고, 자라서는 학교에서 친구들과 많은 시간을 함께합니다. 사회에서는 저마다 다른 환경에서 성장한 사람들을 만나 일을 이루어 갑니다. 이때 서로 자신이 옳다고 주장하다 보면 일을 추진하기가 어렵습니다. 화평이 깨지고 마음이 상하는 일도 빈번히 생깁니다.

가정이나 학교, 직장, 사업터 등 자신이 속한 분야마다 아름답게 일을 이루기 위해서는 '모든 사람과 화평할 수 있는 지혜'가 필요합니다. 이러한 지혜가 있으면 사람들에게 감동을 주고 마음을 쉽게 하나로 모을 수 있습니다.

모두를 사랑하는 넉넉하고 아름다운 마음

여러분은 마음이 항상 기쁘고 평안한가요? 자신에게 한 번 질문해 보십시오. "나는 주변 사람들과 얼마나 화평한가? 다른 사람들이 나를 얼마나 존경하며 사랑하고 있나?"

화평은 사전적으로 "마음이 기쁘고 편안함, 서로 사이가 화목하고 평화스러움"이라 정의합니다. 그런데 영적인 의미에서 '화평'이란 '모두를 사랑할 수 있는 넉넉하고 아름다운 마음'을 뜻합니다. 하나님께서는 그의 자녀들이 늘 화평하기를 원하십니다. 서로 간에 불목하거나 사소한 감정 대립, 다툼이 없기를 원하시지요.

누구나 자기가 좋아하는 유형의 사람과는 화평을 이루기가 쉽습니다. 그러나 하나님이 원하시는 화평은 모든 사람과의 화평입니다. 어떤 사람과는 잘 지내고, 어떤 사람과는 불편한 것이 아니라, 넉넉한 마음으로 모든 사람을 품고 화목할 수 있는 마음입니다. 그런데 내 마음에 선이 없으면 아무리 노력해도 화평을 이루기 어렵습니다. 원치 않는 상황을 만나면 겉으로는 화평한 것 같아도 마음이 요동하기 때문입니다.

그러므로 화평을 이루려면 먼저 '자기 자신과 화평'해야 합니다. 그러기 위해서는 마음속에 있는 미움, 시기, 교만, 자존심, 불편한 감정 등 악은 모양이라도 발견하여 버려야 합니다. 죄악과의 싸움을 끝내고 성결한 마음을 이루었을 때 비로소 자신과 화평할 수 있습니다. 이런 사람이라야 부부 간에, 자녀, 친구, 동료, 이웃 등 '모든 사람과 화평'을 이루고 나아가 '하나님과의 화평'도 이룰 수 있습니다.

하나님과 화평을 이룬다는 것은 하나님과 나 사이에 죄로 인한 담이 없음을 의미합니다. 우리가 화평을 이루는 데 가장 중요한 것은 사실 하나님과의 화평입니다. 그런데 하나님과 화평을 이루는 데 있어 선행조건이 바로 악은 모양이라도 버림으로 자기 자신과 화평을 이루는 것입니다. 자기 자신과 화평한 사람은 다른 사람들과도 화평을 이룰 수 있지요.

예수님께서는 모든 사람과 화평하셨습니다. 선하고 교양이 있는 사람들, 온유하고 순종하는 사람들과만 화평한 것이 아닙니다. 배움과 교양이 부족한 사람들, 죄인과 세리들을 대할 때에도 사랑으로 섬기셨고 화평을 이루셨습니다. 또한 죄악 가운데 살아가는 모든 사람을 위해 죽으심으로 하나님과 사람 사이를 화평케 하셨습니다.

성경의 여인 중 화평을 좇았던 인물로 룻을 들 수 있습니다. 룻은 이스라엘 사사시대(왕이 세워지기 전 사사가 다스리던 시기)에 모압에 살던 이방 여인입니다. 그녀는 이스라엘에 흉년이 들자 기근을 피해 이주해 온 이스라엘 남자와 결혼했습니다. 하지만 젊은 나이에 자녀도 없이 남편을 잃고 맙니다. 동서도 일찍 남편을 잃고 자신과 같은 처지가 되었습니다. 집안의 남자들이 모두 죽고 시어머니와 동서 오르바, 룻만 남은 것입니다.

이런 상황에서 시어머니는 고향 베들레헴에 풍년이 들었다는 소식을 듣고 고국으로 돌아가기로 결심합니다. 혼자된 며느리들과 함께 고향으로 가던 중에 그들을 안쓰럽게 여긴 시어머니는 친정으로 가도록 권했습니다.

룻은 시어머니를 통해 하나님을 알았습니다. 또 자신의 도리를 지킬 줄 아는 선한 마음을 가졌기에 끝까지 시어머니와 함께하겠다고 말합니다(룻 1:16~17). 모압에는 그녀의 가족과 일가친척이 있으니 얼마든지 새 출발하여 행복하게 살 수 있는데도 그 길을 선택하지 않았지요. 어쩌면 고난의 길이 될 수도 있는, 늙고 홀로 된 시어머니를 섬기는 길을 택했습니다.

만일 여러분이 이런 입장에 놓였다면 어떨까요? 아마도 '내가 왜 이런 가정에 시집을 왔을까?' 하고 신세를 한탄할 사람도 있을 것입니다. 설령 홀로 남은 시어머니를 모신다 해도 짐스럽게 여기거나 마음에 고통을 받기도 할 것입니다. 이렇게 자신과 화평하지 못하면 힘들고 곤고한 나날을 보낼 수밖에 없습니다.

그러나 룻은 선한 마음이었기에 기쁨으로 섬김의 도리를 다했습니다. 자신은 물론 시어머니와도 화평을 이루었지요. 하나님께서는 이를 기뻐하셔서 그녀에게 훌륭한 남편을 주셨고, 룻은 이방 여인으로서 예수님의 계보에 오르는 축복을 받았습니다. 그녀의 증손이 다윗이고, 다윗의 후손으로 예수님께서 오신 것입니다.

성공의 열쇠인 화평

그러면 하나님께서는 왜 모든 사람과 화평하는 것이 지혜라고 말씀하실까요? 화평이야말로 모든 일을 하나님 뜻 가운데 해결해 나갈 수 있는 열쇠이며, 동시에 하나님의 능력과 은혜를 끌어내릴 수 있는 축복의 통로이기 때문입니다.

우리는 살아가면서 다양한 사람들을 만납니다. 그중에는 학식이나 사회적 지위가 있는 사람인데도 겸손하여 여러 분야의 사람들과 좋은 관계를 유지하는 사람이 있는가 하면, 교만하여 상대를 무시하는 사람도 있습니다. 뛰어난 두뇌와 능력을 가졌다 해도 상대를 무시하고 화평을 깨뜨리면 결과적으로 큰일을 이룰 수 없습니다. 자칫 해를 입을 수도 있지요.

한 예로, 조선시대 조광조라는 인물이 있습니다. 그는 왕과 백성을 위하는 마음으로 과감한 개혁 정책을 단행하려 했습니다. 잘못된 제도를 바로잡아 이상 정치를 구현하려 했지요. 그는 소신이 뚜렷하고 열정이 있었기에 왕도 처음에는 그를 힘껏 밀어주고, 백성들도 지지했습니다. 그러나 너무 과격하고 급진적으로 일을 추진해가니 시간이 흐를수록 주변 사람들의 반발에 부딪힙니다. 이런 반발 속에서도 끝까지 자신의 뜻을 굽히지 않으므로 그를 지지하던 왕조차 외면하고 말았습니다.

결국 그는 개혁 정책을 실행해 보지도 못한 채 누명을 쓰고 처형되었습니다. 그가 조금만 더 주변을 살피고 반대파를 포용했더라면 자신의 꿈을 펼칠 수도 있었을 것입니다. 그러나 그는 자기 주장을 굽히지 않음으로 화평을 이루지 못했기에 그러한 결과를 낳은 것입니다. 나름대로 좋은 의도를 가졌다 해도, 또 지식과 확실한 방법론이 있다 해도 무용지물이 된 것이지요.

우리 주변에도 그런 일이 많습니다. 어떤 사람은 직장에서 실적을 많이 올리고도 평판이 좋지 않은 경우가 있습니다. 독불장군처럼 자신의 능력과 지혜만 앞세워 주변 사람들의 감정을 상하게 하기 때문입니다.

다른 사람의 의견과 형편은 무시하고 자기 고집대로, 자기 스타일대로 밀고 나가면 아랫사람이나 다른 부서의 사람들, 심지어는 상사들과도 부딪칩니다. 이런 일이 거듭되면 분위기를 헤치는 사람으로 낙인 찍혀 외톨이가 됩니다. 자칫 능력까지도 무시될 수 있지요. 그러니 아무리 능력이 있다 해도 화평을 깨며 일을 이룬다면 결과적으로 지혜가 없는 것입니다.

능력이 있어도 화평치 못하면

화평이 지혜라고 하는 또 다른 이유는 무엇일까요? 화평이 깨지면 하나님의 역사를 체험하기 어렵기 때문입니다. 하나님의 일을 이루는 데 화평은 매우 중요합니다. 아무리 똑똑하고 재능이 뛰어나도 화평을 깨는 사람은 쓰임받기가 어렵습니다.

일을 계획하고 직접 뛰는 것은 사람이지만, 열매를 맺게 하는 분은 하나님이십니다. 그런데 일하는 과정에서 화평이 깨지면 원수마귀 사단에게 송사거리를 내주는 것입니다. 하나님께서 역사하실 수 없지요. 아무리 사람 편에서 열심히 일한 것 같아도 영적으로는 실한 열매가 맺히지 않기 때문에 일을 주관하는 사람들 편에서는 종종 화평의 문제로 고민하게 됩니다.

어떤 사람이 재능도 있고 하나님 나라를 위한 열정도 있어서 그에게 사명을 맡기고 싶지만 주저할 때가 있습니다. 그가 일을 맡으면 상처받는 사람이 생기고 여러 잡음이 들려옵니다. "이것이 더 좋다, 이렇게 해야 부흥한다."며 자신의 의견을 고집하여 다른 사람들을 힘들게 하기 때문입니다.

이런 일이 계속되면 주변에서 "저 사람과 일하기 힘들다."며 함께하기를 꺼리지요. 물론 믿음 있는 사람들은 그를 위해 불편을 감수하기도 합니다. 그 사명이라도 맡아 충만하게 신앙생활 할 수 있도록 하려는 섬김의 배려입니다. 그럴 때 주변 사람은 상급이 크겠지만 사사건건 부딪치는 그에게는 무슨 상급이 되겠습니까. 따라서 하나님 나라를 이루기 위해서는 화평하는 것이 큰 지혜입니다. 능력이 부족해도 화평을 이루어 하나 되면 하나님께서 능력을 더하시고 열매를 보장해 주십니다.

화평의 지혜로 가정복음화를 이루려면

그리스도 안에서 경건하게 신앙생활 하다 보면 핍박이 오는 경우가 있습니다(딤후 3:12). 이때 화평의 지혜가 부족하여 핍박을 자초하는 사람도 있는 것을 봅니다. 하나님을 믿는 아내와 믿지 않는 남편의 경우를 살펴보겠습니다.

어느 날 아내가 이웃의 전도를 받더니 열심히 교회에 다닙니다. 그리고 시간만 나면 교회 얘기를 하지요. 하나님과 예수님 얘기로 시작하여 늘 남편을 전도하는 말로 이어집니다. 처음엔 묵묵히 들어주던 남편도 슬슬 짜증이 나더니 마침내 심사가 뒤틀렸습니다. 그래서 "일요일마다 당신이 교회 가도록 내가 계속 양보했으니까 이번 일요일은 나와 함께 있으면 좋겠다." 말합니다.

이럴 때 여러분이라면 어떻게 대처하시겠습니까? 두 사람의 경우를 비교하여 어느 쪽이 지혜로운지 느껴 보시기 바랍니다.

어떤 아내는 '남편이 또 억지를 쓰는구나!' 하고 한숨을 푹 쉽니다. 그러더니 "내가 주일에 교회 가는 거 뻔히 알면서 왜 그러세요? 혼자 있기 싫으면 같이 교회 가면 되잖아요!" 하면서 남편에게 핀잔을 줍니다. 그러고는 교회를 못 가게 할까봐 얼른 나가 버립니다.

이 경우 아내는 교회 가는 것이 당연하고 옳은 일이니까 남편의 투정을 받아줄 수 없다는 태도입니다. 남편의 마음을 헤아리지 못하고 서운하게 했으니 마음이 닫혀 그만큼 전도하기가 쉽지 않겠지요. 물론 주일 성수는 하나님께서 명하신 것이니(출 20:8) 타협하지 않고 반드시 지켜야 합니다.

그러나 지혜로운 아내라면 '어떻게 남편의 마음을 움직일 수 있을까?' 궁구합니다. 또 기도하다 보면 상대를 감동시킬 수 있는 방법론이 나올 것입니다. 남편이 좋아하는 음식을 해 놓는다거나, 집 안을 깔끔하게 정리하고 상냥하게 남편의 기분을 맞춰줍니다. 그런데도 남편이 일요일에 함께 있기를 원할 때 지혜로운 아내는 남편의 마음을 헤아려 최대한 온유하게 말합니다.

"그동안 당신이 매번 양보해 줘서 정말 고맙게 생각해요. 저도 당신과 함께 있고 싶지만 주일은 꼭 교회에 나가 예배를 드려야 해요. 대신 다음 토요일과 휴일에 당신과 함께할게요. 오늘 혼자 있게 해서 미안하지만 얼른 다녀올게요. 조금만 기다려 주세요."

예배가 끝나면 남편과 약속한 대로 최대한 빨리 돌아가 식사를 준비하여 정성껏 섬깁니다. 이것이 지혜입니다. 만약 그렇지 않고 교회 성도들과 대화의 꽃을 피우다 뒤늦게야 기다리는 남편이 생각나 헐레벌떡 집에 들어갔다면 남편은 아내의 말을 신뢰하지 않겠지요.

물론 이런 경우가 모든 사람에게 똑같이 적용되는 것은 아닙니다. 주어진 환경과 상대에 따라 마음을 헤아려 맞춰줄 경우가 있는가 하면, 때로 강하게 남편을 이끌어야 할 경우도 있기 때문입니다. 상황에 따라 저마다 다르기 때문에 성령의 주관을 받는 것이 가장 지혜로운 방법입니다.

정말 남편을 사랑하고 화평을 이루기 원한다면 그 순간 적절한 말을 성령께서 주관해 주실 것입니다. 이렇게 성령의 역사 속에 선한 행함으로 화평을 이루어갈 때 가정복음화도 빨리 이룰 수 있습니다. 믿지 않는 아내를 둔 남편의 경우도 마찬가지입니다.

자신을 낮추어 화평을 이루어야

이스라엘은 여호수아가 죽고 왕정시대가 열리기 전까지 약 450년간을 '사사'가 다스렸습니다. 하나님께서 직접 사사를 세워 백성을 이끌었지요. 기드온이 사사로 세워졌을 때의 일입니다. 그가 미디안과의 전쟁에서 이기고 돌아왔을 때 동족인 에브라임 지파 사람들이 시비를 걸어왔습니다(삿 8:1).

분명 기드온은 전쟁에 나가기 전에 자원하는 군사를 전국적으로 모집했었습니다. 그때 에브라임 사람들은 자원하지 않았다가 전쟁이 끝나갈 무렵에야 뒤늦게 참전했지요. 그리고 전쟁이 끝난 뒤 몰려와서는 자신들을 안 불렀다고 시비하는 것입니다. 에브라임 지파는 열두 지파 중에 유독 불평불만이 많았습니다. 가나안 땅을 분배받을 때에도 여호수아에게 '자신들의 땅이 다른 지파에 비해 좁다'며 불평했고, 훗날 사사 입다가 암몬 족속과 싸우러 갈 때에도 자신들을 안 불렀다며 입다의 집에 불을 지르겠다고 으름장을 놓았습니다.

기드온은 에브라임 사람들의 부당한 행동에 맞대응하지 않았습니다. 오히려 그들과 화평하는 쪽을 택했습니다. 이런 선한 마음에서 나온 기드온의 지혜로운 답변은 에브라임 사람들의 마음을 녹이기에 충분했습니다.

"나의 이제 행한 일이 너희의 한 것에 비교되겠느냐 에브라임의 끝물 포도가 아비에셀의 만물 포도보다 낮지 아니하냐 하나님이 미디안 방백 오렙과 스엡을 너희 손에 붙이셨으니 나의 한 일이 어찌 능히 너희의 한 것에 비교되겠느냐 기드온이 이 말을 하매 그들의 노가 풀리니라"(삿 8:2~3)

보통 '끝물 포도'는 '만물 포도'보다 맛이 시고 질도 떨어집니다. 그러면 기드온이 에브라임 산지의 '끝물 포도'가 자신의 고향에서 생산되는 '만물 포도'보다 좋다고 말한 것은 무슨 뜻일까요? 이는 미디안과의 전투에서 기드온이 세운 공로보다 전쟁 막바지에 참여하여 미디안의 방백인 오렙과 스엡을 죽이고 적의 퇴로를 차단한 에브라임의 공로가 더 크다는 것을 표현한 말입니다.

이처럼 기드온은 자신을 겸손하게 낮추고 에브라임 사람들의 업적을 드러내 전쟁의 공로를 그들에게 돌렸습니다. 기드온이 이렇게까지 나오는데 에브라임 사람들도 더는 화를 내기가 무색했을 것입니다. 결국 그들은 마음을 풀고 화평을 이루었습니다.

화평하려면 상대의 유익을 구해야
우리도 기드온과 같이 주변 사람과 화평을 이룰 수 있어야 합니다. 나아가 모든 사람과 화평을 이루려면 어떻게 해야 할까요?

무엇보다 마음에 선을 이뤄야 합니다. 화평을 깨는 사람들도 자신이 악하다고는 생각하지 못할 때가 있습니다. 이들은 표면적으로는 선을 주장하지만 사실은 자기 유익을 구하는 마음이 있기 때문에 화평이 깨지는 것입니다. 그러나 정말 선을 추구하는 사람이라면 화평을 깨지 않습니다.

하나님께서는 상대의 유익을 구하기 원하십니다. 부부간에도 서로 자기의 유익을 구하기 때문에 문제가 생깁니다. 상대가 무조건 자기에게 맞춰주기를 원하고, 자신이 상대에게 해준 만큼 받으려고 합니다. 그러다 보니 내가 원하는 대로 되지 않으면 불평이 나오고, 이런 일이 자주 일어나면 점점 사랑에도 금이 가고 맙니다. 부부뿐 아니라 친구, 직장 동료, 이웃과의 관계 속에서도 자기의 유익을 구하지 않고 서로 낮아지고 섬긴다면 화평이 깨지는 일은 없습니다.

그러나 이것도 저것도 가한 상황에서 내가 원하는 쪽을 고집하면 화평이 깨집니다. 내가 보기에 더 옳은 것, 나에게 유익이 되는 것, 내가 편한 쪽, 내가 드러나는 쪽을 주장하기 때문입니다. 설령 진리를 배워서 안다 해도 마음에 선을 이루지 못할 때에는 결국 말과 행실에서 선하지 않은 것이 나옵니다. 자신에게 좀 더 유익이 되는 쪽을 고집하다 보면 상대를 찌르거나 상처 주기도 하고 무례하게 행동할 수도 있습니다.

반면에 마음이 선한 사람은 범사에 상대의 마음을 편하게 해 줍니다. 하나님 나라에 더 유익한 것을 구하되 더불어 상대에게 유익이 되는 것이 무엇인지 고려하지요. 상대가 불의를 행하려고 하는 것이 아니라면 최대한 맞춰 주려고 합니다. 설령 내가 더 옳아도 상대가 다른 의견을 주장할 때 굳이 내 의견을 고집하지 않습니다.

하나님께서는 그의 자녀들이 서로 간에 불편한 감정이나 다툼이 없이 화평하기를 원하십니다. 어떤 일에도, 어떠한 사람과도 서로 사랑하고, 서로 위로하며 섬김으로 화평하기를 간절히 바라시는 것입니다.

남편이 사업을 확장하려고 무리하게 투자했다가 사기를 당한 가정의 일화를 소개하겠습니다. 여유 있게 살다가 하루아침에 생활이 어려워지니 힘든 일이 많았지요. 몇 년 동안 수억 원의 빚을 갚느라 버거운 생활을 해야 했지만 아내도, 남편도 열심히 교회의 사명을 감당하며 모든 일에 최선을 다했습니다. 이러한 연단을 받으면서 아내는 생활이 어려운 성도들의 마음을 이해할 수 있게 되었습니다.

예전에는 "식사하셨나요?"라고 물었다면 지금은 "같이 식사하러 갈까요? 제가 사 드릴게요."라며 작은 일에도 상대를 배려하는 마음으로 바뀌었지요. 그런데 하루는 늦은 밤에 남편이 치킨을 시켜 먹자고 하였습니다. 그동안 생활의 어려움을 불평 없이 잘 참아온 아내가 그 말을 듣는 순간 마음이 불편해졌습니다. "지금 빚 갚느라고 얼마나 힘겨운데 무슨 말씀이세요? 내일은 은행에 얼마를 넣어야 하는데…."라고 퉁명스럽게 한마디 건넸습니다.

하지만 남편은 핀잔을 듣고도 자존심 상해하기보다는 "미안해. 다 내 탓이야. 조금만 기다려 줘. 사업이 곧 잘될 거야."라며 민망해했습니다. 마음에 불편함이 없는 줄 알았던 아내는 이 일을 통해 자신의 부족한 모습을 발견하고 기도제목을 삼았습니다. 이렇게 화평을 좇으려고 노력하니 자녀들 역시 어려운 가정환경에서도 상처받지 않고 밝게 성장하였고, 지금은 하나님의 축복을 받는 가정이 되었지요.

우리가 화평을 이뤄감에 있어 무엇보다 중요한 것은 하나님을 향한 우리의 마음입니다. 중심에서 상대를 섬기고 희생하며 낮아지고자 한다면 어떤 사람이라도 품을 수 있고 악한 사람이라도 변화시킬 수 있습니다.

단지 부딪치는 것이 두려워서 혹은 사람들에게 인정받기 위해서 타협하거나 진리에 어긋나는 길로 간다면 이는 하나님 보실 때 화평한 것이 아닙니다.

그러므로 우리가 화평을 이룸에 있어서 주의할 점은 화평을 이룬다는 이유로 비진리와 타협해서는 안 된다는 것입니다. 만일 어떤 성도가 '핍박하는 가족의 비위를 맞추기 위해 오늘 하루는 예배를 쉬어야겠다.' 생각한다면 이것은 화평이 아니라 타협입니다. 이런 경우 자칫하면 상대는 물론 자신조차 하나님을 떠나 사망의 길로 갈 수 있습니다.

믿음이 없는 가족과 부딪치는 것이 싫어서 명절에 제사상 앞에 절한다면 어찌될까요? 또 회사에서 갖는 회식자리에 빠질 수 없어서 함께했다가 술을 마셨다면 어떻게 될까요?

겉으로 보기에는 잠시 화평을 이룬 것 같지만 영적으로는 하나님과의 사이에 죄의 담을 만들어 화평을 크게 깨뜨린 것입니다. 따라서 하나님의 보호와 축복을 받을 수 없지요. 당연히 그 화평이 온전할 수도 없습니다. 사람 사이에 참된 화평을 이루려면 먼저 하나님을 기쁘시게 해야 합니다. 잠언 16장 7절에 "사람의 행위가 여호와를 기쁘시게 하면 그 사람의 원수라도 그로 더불어 화목하게 하시느니라" 말씀하신 대로입니다.

히브리서 12장 14절에 "모든 사람으로 더불어 화평함과 거룩함을 좇으라" 했고, 베드로전서 3장 11절에는 "악에서 떠나 선을 행하고 화평을 구하여 이를 좇으라" 하셨으니 하나님과는 물론 모든 사람과도 화평을 이루시기 바랍니다. 그래서 화평의 지혜로써 풍성한 하나님의 역사를 체험할 수 있어야 하겠습니다.

Chapter 4

관용의 지혜

오직 위로부터 난 지혜는

첫째 성결하고 다음에 화평하고 관용하고

야고보서 3:17

바둑도 훈수하는 사람이 세 수를 더 본다는 말이 있습니다. 직접 두는 사람의 실력이 낫다 해도 심리적 부담 때문에 쉬운 것을 놓치는 등 실수가 종종 나옵니다. 하지만 옆에서 지켜보는 사람은 승패에 대한 부담이 없어 그만큼 여유가 있고 시야가 넓어집니다. 신앙생활도 마찬가지입니다.

자기 유익을 구할 때에는 진리를 분별하지 못하는 경우가 많습니다. 설령 어떤 것이 진리인지 안다 해도 눈앞의 유익에 집착하면 진리대로 행하지 못하지요. 그러나 사사로운 욕심을 버리고 마음을 하나님 말씀으로 채우면 옳은 것을 쉽게 분별할 수 있고, 진리를 행하는 것이 어렵지 않습니다.

진리의 길이 밝히 보이기 때문에 다른 사람의 문제에 대해서도 명쾌하게 답을 제시해 줄 수 있습니다. 이는 특히 하나님의 일을 이루거나 성도들을 심방하고 상담할 때 절실히 필요한 분야입니다. 개인의 신앙과 일상생활에도 매우 유익합니다.

진리의 마음으로 모든 것을 내어주는 것

관용의 사전적 의미는 '너그럽게 용서하고 용납함'입니다. 영적인 의미는 이보다 더 깊습니다. '진리가 마음에 풍성하게 임하면서 동시에 진리의 자유함이 있으므로 자신이 가진 것을 다 내어줄 수 있는 마음'입니다. 물질은 물론 시간과 노력, 관심, 섬김, 심지어 생명까지도 내어주는 것이지요. 이렇게 자신을 다 내어주기 위해서는 사심이 없고 진리가 마음에 가득해야 합니다.

풍성한 진리의 마음으로 모든 것을 내어주신 가장 좋은 모델은 바로 예수님입니다. 하나님의 아들이신 예수님께서는 아무 죄와 허물이 없으셨습니다. 그 마음이 온전한 진리 자체이셨지요. 이 땅에 계시는 동안에도 오직 하나님 뜻대로 살면서 자신의 모든 것을 내어주셨습니다.

예수님은 제대로 잡수시지 못하고 쉬지 못하시면서도 천국 복음을 전파하며 병든 사람들을 고치셨습니다. 영혼들을 위해 많은 수고와 눈물을 쏟으시고 결국은 생명까지 주셨습니다. 죄와 허물이 없는 분이 죄로 인해 영원히 죽을 수밖에 없는 사람들을 구원하기 위해 대신 십자가에 달리신 것입니다. 예수님은 이렇게 자신을 다 내어주심으로 무수한 영혼을 구원하여 천국으로 이끌 수 있었습니다.

그러면 여러분은 어떻습니까? 손해를 본다 해도 내 것을 줄 수 있는 마음입니까? 내 유익을 구하는 마음, 내 취향, 자존심, 내 주장 등을 고집하면 자신을 내어줄 수 없습니다.

창세기 13장에 나오는 아브라함의 행함을 통해서도 관용의 마음을 알 수 있습니다. 아브라함과 그의 조카 롯이 하나님의 축복을 받아 가축이 많아지자 한 가지 문제가 생겼습니다. 제한된 땅에서 풀과 물을 얻어야 하므로 종들 사이에 다툼이 벌어진 것입니다. 이때 아브라함은 다툼을 없애기 위해 결단을 내립니다. "네가 좌하면 나는 우하고 네가 우하면 나는 좌하리라"(창 13:9) 하면서 롯이 먼저 갈 곳을 택하면, 자신이 다른 곳으로 가겠다고 말합니다.

엄밀히 말하면 롯이 받은 축복은 아브라함으로 인한 것입니다. 하나님께 사랑받는 아브라함과 함께하므로 롯의 소유도 더불어 불어났지요. 더구나 롯은 아랫사람입니다. 종들끼리 다툰다는 소리를 들었다면, 당연히 종들을 단속해서 삼촌이 마음 쓰지 않도록 처신했어야 합니다. 그러나 롯은 그러지 않았습니다.

롯은 아브라함과 헤어질 때에도 물이 넉넉하고 기름진 땅을 선뜻 골랐습니다. 보통 사람 같으면 롯을 은혜도 모르는 조카라고 손가락질할 수도 있습니다. 그러나 아브라함은 전혀 서운해하지 않았습니다. 얼마든지 자기 것을 내어주고, 더 달라 해도 줄 수 있는 너그러운 마음이었습니다. 롯에게 다 주고 양보했다 해서 아브라함이 손해를 보았을까요? 아닙니다. 오히려 준 것과는 비교할 수 없는 축복을 받았습니다.

하나님께서 선을 행한 그에게 동서남북으로 보이는 모든 땅과, 티끌처럼 수많은 자손을 주리라 약속하셨기 때문입니다. 이처럼 아브라함은 넘치는 관용을 베풀었을 뿐만 아니라, 자신이 마땅히 해야 할 것 이상의 선을 행했기에 하나님 앞에 큰 축복을 받을 수 있었습니다.

베풀고 내어주는 마음의 힘

세상에서는 자기 것을 내어주는 것이 아니라, 자기 것을 잘 지켜야 똑똑하다고 합니다. 한 대 맞으면 나도 한 대 때려야 하고, 하나를 주면 그 이상을 받는 것이 지혜라고 생각합니다. 그러나 사도행전 20장 35절에는 "주는 것이 받는 것보다 복이 있다" 말씀합니다. 주님의 이름으로 베풀고 나누는 것이 하나님께 복을 받는 길이며 참된 지혜입니다.

동네 작은 가게에서 시작하여 우리나라에 내로라하는 사업체의 대표에 오른 분이 있습니다. 처음에는 자금이 변변치 않아 상품을 많이 갖다 놓을 수 없었기에 매출이 별로 없었지요. 하지만 수익을 남기겠다는 마음보다 고객을 섬기겠다는 생각으로 최선을 다했습니다. 비록 몇 평 되지 않는 가게였지만, 어쩌다 고객이 찾아오면 성심성의껏 응대했습니다.

값싼 물건을 사는 고객에게도 정성껏 제품 설명을 해 주었습니다. 또 길을 물으러 오는 사람에게는 직접 안내를 해주었습니다. 몸이 불편하고 외롭게 사는 노인들이 가게 앞을 지나가면 건강은 어떤지, 자녀들은 자주 찾아오는지 관심을 가져주었습니다. 혹 걷기가 불편할 때면 옆에서 부축해 드리기도 했지요. 이러한 정성이 상대에게 얼마나 감동을 주었겠습니까?

돈에 욕심이 있는 사람이 그 모습을 보면 '손님을 끌기 위해 그런가 보다'고 생각하겠지요. 그러나 그는 욕심으로 하는 것이 아니었습니다. 사람들의 비위를 맞춰 물건을 사게 하려고 선심 쓰듯 베푼 것도 아닙니다. 정말 동네 사람들에게 관심을 갖고 진실한 사랑을 베풀었던 것입니다. 어쩌다가 고객이 가게에 들어오면 제품을 사지 않아도 미안해하지 않도록 웃는 낯으로 배웅했습니다. 물건을 교환해 달라는 사람이 있어도 싫은 내색 하지 않고 기꺼이 교환해 주었지요.

돈을 빌려 달라거나, 전화를 빌려 쓰자는 사람 등 당황케 하는 일들도 꽤 많았습니다. 그 시절에는 지금처럼 핸드폰이 흔하지 않던 때였습니다. 그는 아예 전화기의 줄을 길게 빼서 바깥쪽으로 꺼내 놓고 마음 편히 쓰게 두었습니다. 이런 친절을 체험하고 감동을 받은 사람들은 고정 고객이 되었습니다. 이들의 입소문으로 그 가게는 점점 유명해지기 시작했고, 이들이 이사를 갈 때에는 새로 이사 오는 사람에게 "꼭 그 가게로 가라."며 권했습니다.

자신이 해야 하는 것보다 더 넉넉하게 내어주며 섬겼을 때 손해 보는 것이 아닙니다. 당장의 이익과는 비교할 수 없는 사람의 마음을 얻게 됩니다. 바로 넉넉한 관용의 마음에서 비롯된 지혜의 열매입니다.

사람들은 이런 이야기를 들으면 감동을 받고 '나도 그렇게 해야겠다.'고 생각합니다. 하지만 실제로 그렇게 행하는 것이 쉽지만은 않습니다. 고객이 한참 둘러본 뒤 아무것도 사지 않고 그냥 갈 때 인상이 찌푸려집니다. 물건을 살 것 같지 않은 사람에게는 불성실하게 대합니다. 또 물건을 팔 때에는 친절하게 대하다가도 고객이 제품을 교환하려고 찾아오면 태도가 돌변합니다.

물론 회사나 매장에서 고객 응대법에 대해 여러 차례 배워서 압니다. 그러나 자기 유익을 구하는 마음, 혈기, 욕심 등이 있는 만큼 넉넉하고 관대한 모습이 나올 수 없습니다. 당장 귀찮고 짜증나는 것을 이기지 못하니 겉으로 감정이 드러납니다. 그래서 관용의 의미를 그냥 '자신을 다 내어주는 것'이라 하지 않고 '마음에 진리가 풍성하게 임하여 자신이 가진 것을 다 내어주는 것'이라 한 것입니다.

관용의 지혜로 누리는 복

진리로 마음을 넉넉하게 하여 자신을 내어주며 섬기는 것은 사람의 마음을 얻는 지혜가 됩니다. 마음에 진리를 가득 채워 넉넉한 관용을 이루면 내 것을 나눠 주어도 아깝지 않고 남이 나보다 잘 되는 것도 불안하지 않습니다. 상대가 더 잘될 수 있도록 도와줄 수 있습니다. 눈앞의 작은 이익에 연연해하지도 않습니다. 이런 사람은 하나님께서 주시는 복을 받으며 '주는 것이 받는 것보다 복 되고 섬기는 자가 큰 자가 된다'는 지혜를 깨닫게 됩니다.

이런 사실을 잘 알기 때문에 저는 교회를 개척하여 넉넉하지 않을 때에도 다른 개척 교회들을 지원했습니다. 쓸 것을 아끼고 아껴서 세계 선교와 영혼 구원을 위해 투자했지요. 속옷을 달라는 사람이 있다 해도, 그 영혼을 구원할 수 있다면 겉옷까지 주었습니다. 애매하게 오른뺨을 맞아도, 화평을 좇을 수 있다면 왼뺨까지 대주었습니다. 때로는 속이는 줄 알면서도 속아 주었습니다.

대항할 힘이 없어서 맞은 것도, 세상 물정을 몰라서 내어준 것도 아닙니다. 영혼을 구원하려는 마음이 간절하고, 또 전능하신 하나님의 역사를 믿었기 때문입니다. 그렇게 했을 때 하나님께서는 짧은 시일 안에 대형 교회로 성장시켜 주셨습니다. 나누고 베풀었더니 가난해진 것이 아니라 갈수록 더 풍성하고 넉넉해졌습니다. 이러한 원리를 깨닫고 활용할 줄 아는 사람이 지혜로운 사람입니다.

하나님 나라와 영혼을 돌아볼 때에도 마찬가지입니다. 고린도후서 12장 15절에 보면 "내가 너희 영혼을 위하여 크게 기뻐함으로 재물을 허비하고 또 내 자신까지 허비하리니 너희를 더욱 사랑할수록 나는 덜 사랑을 받겠느냐" 하는 사도 바울의 고백이 나옵니다. 우리가 하나님을 사랑하고 영혼들을 사랑함으로 모든 것을 내어줄 때 진리를 모르는 사람들 눈에는 괜한 헛수고처럼 보일 수도 있습니다. 그러나 그럴수록 하나님과 사람 앞에 더 사랑받게 되지요.

사도 바울이 자신의 모든 것을 내어주었을 때, 디모데와 같이 그를 아버지로 여기며 사랑하는 일꾼들이 나왔습니다. 또 '할 수 있으면 눈이라도 빼 줄 정도'로 그를 사랑하는 교회와 성도들이 생겼습니다.

교회의 일꾼들 중에는 봉사를 잘하는 사람, 찬양을 잘하는 사람, 믿음이 좋은 사람, 잘 가르치는 사람 등 여러 부류가 있습니다. 그중에 사랑과 인정을 가장 많이 받는 사람은 자신이 가진 것을 내어주며 마음으로 상대를 섬기는 사람입니다. 이는 물질적인 섬김뿐만 아니라, 자신을 희생하며 정성을 다해 섬기는 것을 말합니다.

언제나 그 마음에 영혼들이 품어져 있어서 그들을 위해 기도합니다. 그들의 아픔을 자신의 아픔처럼 여기고 연단의 때에 같이 이겨내며 기쁨과 슬픔을 함께 나눕니다. 이처럼 자신의 모든 것을 희생하고 내어줄 때 사람들에게 사랑을 받습니다. 하나님께서도 그를 기뻐하셔서 더 높여 주십니다. 뿐만 아니라 진리를 마음에 이루고 자신을 내어줄 수 있는 마음이 되면, 진리를 밝히 분별할 수 있는 지혜가 옵니다. 영혼들을 살리고 상한 심령도 고칠 수 있는 능력을 받게 되는 것입니다.

관용에서 나오는 진리의 자유함

관용은 진리가 마음에 풍성하게 임하면서 동시에 진리의 자유함이 있기 때문에 가진 것을 다 내어줄 수 있는 마음이라 했습니다. 여기서 '진리의 자유함'이란 무엇일까요? 요한복음 8장 32절을 보면 "진리를 알지니 진리가 너희를 자유케 하리라" 하셨습니다. 진리인 하나님 말씀대로 살지 못하는 사람에게는 진리가 족쇄처럼 여겨집니다. 그러나 진리를 사랑하고 행하는 사람은 그 안에서 자유로움을 느낍니다.

비유를 들어, 범죄자는 경찰을 보면 가슴이 철렁 내려앉지만, 선량한 시민은 경찰을 보아도 마음에 요동이 없습니다. 오히려 필요할 때 도움을 요청할 수 있으니 가까이 있는 것이 더 든든하게 느껴집니다. 마찬가지로 진리 안에 사는 사람은 하나님의 법이 사랑이며 축복의 통로임을 알기에 두려움이 없습니다.

안식일을 온전히 지킬 믿음이 없는 사람은 '안식일을 지키라'는 말이 부담스럽게 들립니다. 안식일에는 영업하지 말라거나, 세상 오락을 취하지 말라는 말씀이 모두 족쇄처럼 느껴지지요. 그러나 마음 중심에서 기쁨으로 안식일을 지키는 사람은 이런 말씀이 부담스럽게 느껴지지 않습니다. 주일성수는 하나님의 영적 주권을 인정해 드리는 것으로, 이로써 자신이 평안과 축복을 받게 될 것을 알기 때문입니다.

우리가 안식일을 온전히 지키면 한 주간 재앙이나 사고 없이 보호받을 수 있습니다. 안식일에 쉰다고 해서 손해 보는 것이 아니라 오히려 이익을 얻을 수도 있습니다. 하나님께서 6일 만에 7일 동안의 수입 이상을 벌게 해 주실 수도 있고, 불필요하게 새어나갈 지출을 막아주실 수도 있습니다. 질병과 사고로부터 지켜 주심으로 병원비나 약값 등 쓸데없는 지출을 막아주시기도 합니다. 이처럼 안식일을 지키라는 진리를 알고 행하면, 영혼이 잘되는 축복을 받고 늘 지킴 받으니 삶이 자유롭게 느껴지는 것입니다.

또 다른 예로, 우리가 미움을 버리면 마음이 가볍고 행복해집니다. 예전에는 미움 때문에 하나님 앞에 민망하여 마음이 무겁고 힘들었습니다. 그러나 미움을 버리고 나면 '이렇게 좋은데 왜 진작 버리지 않았을까?' 생각할 정도로 행복합니다. 진리가 죄의 멍에에서 풀어주고 자유하게 만들기 때문입니다.

진리가 마음에 가득하면 자신뿐만 아니라 상대에 대해서도 자유함을 줄 수 있습니다. 상대가 진리대로 살지 않는다 해서 내 생각에 맞춰 정죄하고 외면하는 것이 아니라, 오히려 그에게 진리대로 살아갈 수 있는 힘을 줍니다.

마음에 진리가 가득하다는 것은 진리를 머리로 안다는 뜻이 아닙니다. 고린도전서 8장 1절에 "지식은 교만하게 하며 사랑은 덕을 세우나니" 했습니다. 진리를 머리로만 아는 사람은 지극히 작은 것을 알면서, 마치 모든 것을 아는 것처럼 교만하게 됩니다. 이런 사람은 상대가 섬김 받기 원하는 모습을 보면 금방 판단 정죄합니다. '저 사람은 참 마음이 높구나!' 하고 생각하지요. 하지만 정작 자신이 "형제를 판단하지 말라"는 말씀을 어기고 있다는 사실은 깨닫지 못합니다.

반면에, 마음에 진리가 임한 사람은 상대의 믿음의 분량에 맞추어 바라봐줍니다. 하나님 말씀으로 옳고 그름을 분별할 수 있지만, 상대의 허물과 비진리를 사랑으로 품고 덮어주지요. 예전에는 나에게도 수많은 허물이 있었지만 주님의 사랑으로 긍휼히 여김을 받은 것처럼 상대를 긍휼히 여기는 것입니다.

관용의 마음을 이룰 때 임하는 명철

진리가 풍성히 임하고 진리의 자유함 속에 넉넉한 마음이 되면, 범사에 밝은 길을 볼 수 있는 '명철'이 임합니다. 이는 예수님의 경우를 보면 알 수 있습니다. 예수님은 진리의 자유함 속에서 사람들에게 하나님의 마음을 전하셨습니다.

요한복음 8장에는 간음하다 붙잡힌 여인에 대한 사건이 나옵니다. 어느 날, 유대인들이 간음하다 현장에서 잡힌 여인을 예수님 앞에 끌고 와서 그녀를 어떻게 해야 할지 물었습니다. 구약의 율법에 의하면, 간음한 여인은 돌로 쳐 죽여야 합니다. 만약 예수님께서 "돌로 치라" 말씀하면, 그들은 평소 사랑과 용서를 가르치신 예수님께서 자신의 가르침에 어긋났다고 말할 것입니다. 반면에 "용서하라" 하면, "율법을 어기는 사람"이라 정죄할 것입니다.

이때 예수님께서는 아무 대답 없이 바닥에 무언가 쓰기 시작하셨습니다. 사람들이 답변을 재촉하자, "너희 중에 죄 없는 자가 먼저 돌로 치라" 말씀하시고 다시 땅에 쓰기를 계속하셨습니다. 군중은 예수님께서 쓰시는 것을 보면서, 차마 돌을 던질 수 없었습니다. 바닥에 쓰인 내용은 자신들에게 해당되는 죄목이었기 때문입니다. 양심의 가책을 받은 사람들은 하나둘 자리를 떠나고, 결국 여인과 예수님만 남았습니다.

"예수께서 일어나사 여자 외에 아무도 없는 것을 보시고 이르시되 여자여 너를 고소하던 그들이 어디 있느냐 너를 정죄한 자가 없느냐 대답하되 주여 없나이다 예수께서 가라사대 나도 너를 정죄하지 아니하노니 가서 다시는 죄를 범치 말라"(요 8:10~11)

'가서 다시는 죄를 범치 말라' 하신 예수님의 말씀은 수치와 두려움 속에 떨다가 극적으로 생명을 건진 여인의 마음에 깊이 새겨졌을 것입니다. 예수님께서는 진리 자체이시기 때문에 하나님의 마음과 뜻을 밝히 알아 진리 안에서 자유함을 누릴 수 있었습니다. 죄인들의 마음을 이해하며 긍휼을 베푸는 관용의 마음도 있었기에 "죄 없는 자가 먼저 돌로 치라" 하시며 하나님의 참 뜻을 깨우칠 수 있는 지혜를 나타내셨습니다.

예수님께 정죄하는 마음이 조금이라도 있었다면 이러한 답을 하실 수 없습니다. 만약 여인이 불쌍하다 해서 무조건 "살려 주라" 하셨다면, '율법을 거역하도록 가르친다'는 정죄를 받아 매우 곤란한 상황에 빠졌을 것입니다. 또한 모든 율법에는 하나님의 사랑이 담겨 있지만 죄인이 불쌍하다 해서 무조건 용서만 해서는 안 됩니다. 죄가 누룩처럼 퍼져 더 많은 사람이 멸망으로 갈 수 있기 때문입니다. 그래서 하나님께서는 죄에 대한 형벌을 정해주신 것입니다.

예수님께서는 율법을 온전히 이루셨고, 그 안에 담긴 하나님의 마음을 아셨기에 모든 사람을 살리는 지혜를 나타낼 수 있었습니다(딤전 2:4). 또 한 가지 깨달아야 할 지혜는 예수님께서 군중의 잘못을 직접적인 말로 표현하지 않고 바닥에 쓰셨다는 데 있습니다. 모여든 사람을 대놓고 판단 정죄하여 그들의 마음에 찔림이 되게 하신 것이 아닙니다.

만약 직접 깨우쳐 주고자 한다면 "너희들은 언제 이런 죄 짓지 않았느냐? 너희들은 간음하지 않느냐? 그런 너희가 어떻게 저 여인을 돌로 치라 하느냐?"라고 호통칠 수 있습니다. 그러나 악한 사람을 정통으로 찌를 때에는 반발이 생긴다는 것을 아셨기에 그렇게 하지 않았습니다. 다만 바닥에 쓰인 자신의 죄목들을 보고 스스로 깨달아 물러가게 하셨지요.

관용이 없으면 감정이 상하고 불편함이 생겨

누군가 다른 사람의 허물을 전하면 이를 듣는 사람이 즉시 무안을 주는 경우가 있습니다. "너도 이러이러한 잘못이 있지 않느냐?" 하고 말문을 막아 버립니다. "너나 잘하라!"는 것입니다. 물론 남의 허물을 말한 사람도 잘못입니다. 그러나 상대가 잘못을 한다고 해서 그 자리에서 면박을 주는 것도 옳다 할 수 없지요. 악으로 악을 갚는 것이고 자신도 똑같이 판단하는 죄를 짓는 것입니다. 그 말을 듣는 상대는 비록 자신이 잘못했다 해도 감정과 서운함을 품게 됩니다.

이처럼 진리를 마음에 이루지 못하고 지식으로만 쌓으면 그 지식으로 상대에게 상처를 주기 쉽습니다. 따라서 하나님 말씀을 지식으로만 쌓는 것이 아니라 마음에 이루어야 하며 그럴 때 상대를 넉넉히 품을 수 있습니다.

관용의 마음이 있는 사람은 다른 사람의 마음을 아프게 하지 않습니다. 비록 상대가 악으로 행한다 해도 판단, 정죄하지 않으며, 그를 소중한 영혼으로 여기고 진리로 이끌어 줍니다. 이런 마음을 이룰 때 상대를 생명으로 인도하는 지혜를 얻게 됩니다. 이것이 '관용으로부터 얻는 지혜' 입니다.

누가복음 15장에는 탕자의 비유가 나옵니다. 아버지께 유산을 달라고 하여 집을 나간 작은아들이 거지 행색이 되어 돌아왔을 때, 아버지는 달려가서 그를 안고 기뻐하며 잔치를 벌입니다. 마침 일하다가 돌아온 큰아들은 이를 보고 서운해합니다. 성실히 일한 자신을 위해서는 잔치는커녕 염소새끼 한 마리 잡아 준 적이 없는데, 방탕한 동생을 위해 잔치를 벌이니 감정이 상한 것이지요.

만약 큰아들에게 아버지와 같은 사랑이 있었다면, 넉넉하고 너그러운 마음으로 동생을 대할 수 있었을 것입니다. 아버지 것이 곧 내 것이요, 아버지 기쁨이 곧 내 기쁨이기 때문입니다. 이런 마음으로 큰아들이 동생을 환영해 주었다면, 아버지는 "과연 가업을 이어받을 장자답구나. 역시 내 마음을 잘 알아주는 아들이구나." 하고 가업을 모두 맡길 수 있었을 것입니다.

로마서 15장 1~3절에 "우리 강한 자가 마땅히 연약한 자의 약점을 담당하고 자기를 기쁘게 하지 아니할 것이라 우리 각 사람이 이웃을 기쁘게 하되 선을 이루고 덕을 세우도록 할지니라" 말씀했습니다.

하나님의 자녀라면 연약한 이들을 돌아보고 이웃을 기쁘게 하며 선한 행함으로 덕을 세워야 합니다. 넉넉한 관용의 마음을 이루어 언제 어디서나 선한 향기를 발하며 하나님께서 자랑하실 만한 자녀들이 되시기 바랍니다.

Chapter 5

양순의 지혜

Wisdom More Valuable than Gold

오직 위로부터 난 지혜는

첫째 성결하고 다음에 화평하고

관용하고 양순하며

야고보서 3:17

화폐의 가치를 모르는 아이들은 지폐보다 동전을 더 좋아하는 경향이 있습니다. 500원짜리 동전을 1만 원짜리 지폐와 바꿔 주겠다고 해도 싫다며 동전을 움켜쥡니다. 500원으로는 과자도 사 보고 껌도 사 본 적이 있어 그 가치를 알지만, 1만 원이란 돈은 실감이 나지 않기 때문입니다. 하나님 편에서 볼 때에도 이런 사람들이 있습니다.

축복을 받을 수 있도록 하나님께서 "계명을 지켜라, 선을 행하라" 말씀하셔도, 어리석은 사람은 당장 눈앞의 유익을 좇아 자기 뜻대로 살아갑니다. 반면 지혜로운 사람은 세상의 방법으로 얻는 것보다 하나님께서 주시는 축복이 훨씬 크다는 사실을 압니다. 그래서 계명을 지키며 기쁨으로 선을 행합니다.

하나님 말씀대로 선을 좇아 죄악을 버리고 성결을 이루며 화평을 좇는 사람은 관용과 양순의 열매를 맺습니다. 관용과 양순은 비슷한 면이 있어서 하나의 짝으로 묶을 수 있습니다. 둘 다 사람의 마음이 진리로 변화되면서 임하는 넉넉함과 여유로움 속에서 나오는 덕목입니다.

말과 행함의 선한 열매로 나타나는 것

양순은 '선하고 아름다운 마음의 향이 말과 행함의 열매로 나타나는 것'입니다. 마음이 선과 진리로 가득하면 외적으로도 단물만 내는 입술의 열매와 아름다운 행함의 열매가 나타납니다. 선하다 해서 단순히 착하고 부드러운 것만은 아닙니다. 강하고 담대한 면이 있지요. 영적인 선과 진리로 가득 찬 마음에는 어둠을 물리치는 빛의 권세가 있기 때문입니다.

영의 세계에서는 죄가 없는 것이 힘입니다. 비록 어린아이라 해도 마음에 성결을 이루었다면 그가 명할 때에 어둠의 세력이 물러갑니다. 다른 사람들을 진리로 이끌 수 있고 마음을 다스리게 도와줄 수도 있습니다. 따라서 양순의 열매가 맺힌 주의 종이나 일꾼들이 상담해 줄 때에는 말에 권세가 따릅니다.

양순의 열매가 맺히지 않은 사람의 경우, 그가 상대의 생각에 맞춰서 상담해 준다 해도 해결되는 것은 그 순간뿐입니다. 어차피 또 다른 질문이 꼬리를 물고 일어나며 의혹과 의심의 생각이 다시 떠오릅니다. 하나를 설명해 주면 해결된 것 같다가도, 얼마 지나지 않아 비슷한 문제를 들고 또 찾아옵니다. 애써 상담해 주고 심방해도 나중에 보면 처음과 같은 모습으로 돌아가지요.

그러나 양순의 열매가 맺혀 있으면 상대의 의심과 부정적인 생각의 고리를 명쾌하게 끊어 줄 수 있습니다. 몇 마디 대화로도 상대의 상태를 분별하여 생각하는 방향 자체를 선하게 바꿔줄 수 있기 때문입니다. 이런 상담을 해줄 때 성도들은 시원함과 평안함을 얻고 자신의 마음을 다스리는 방법을 터득하게 됩니다.

양순은 단순히 착하고 순한 것이 아닙니다. 진리 안에서 이것도 가하고 저것도 가할 때 성령으로 분별하여 하나님께서 더 기뻐하시는 편을 택할 수 있는 깊은 선의 차원입니다. 이러한 양순의 특징은 크게 세 가지로 나타납니다.

첫째, 어떤 상황에서도 진리로 문제의 핵심을 분별하여 상대의 마음을 평안케 합니다.

양순한 사람은 상담할 때에도 문제의 핵심을 꿰뚫어 상대의 마음을 시원케 합니다. 사심이 있으면 자기의 유익이나 감정이 앞서 눈이 가려집니다. 반면에 사심이 없으면 문제 해결의 길을 찾을 수 있습니다. 사심이란 자기 욕심을 구하는 마음입니다. 내 것, 내 가족, 명예와 권세, 자존심, 자신의 안일을 구하는 모든 것이지요.

누가복음 12장에 보면 어떤 사람이 유산 문제를 가지고 예수님을 찾아옵니다. 그는 부모의 유산을 공평히 나누도록 자신의 형에게 권면해 달라고 요청합니다. 예수님은 이때 유산을 어떻게 분배했는지, 형이 얼마를 더 줘야 하는지를 묻지 않습니다.

그의 이야기를 들은 예수님은 뜻밖에도 "삼가 모든 탐심을 물리치라 사람의 생명이 그 소유의 넉넉한 데 있지 아니하니라"(눅 12:15) 말씀하십니다. 그가 탐심을 버리지 않는 한, 이후로도 형제 간에 감정 상할 일이 계속 생길 수 있습니다. 또 탐심을 버릴 때라야 하나님께서도 물질의 축복을 주실 수 있습니다. 그래서 예수님께서는 그에게 문제의 근본적인 해결 방법을 깨우쳐 주셨지요. 그 사람이 축복받을 수 있는 영적인 답을 주신 것입니다.

자신의 마음을 양순으로 비춰볼 때 모든 문제의 근본을 볼 수 있습니다. 또한 양순의 마음을 이룰 때 자신의 문제뿐 아니라 다른 사람의 문제까지 해결해 줄 수 있습니다.

또 다른 예로, 다니엘을 들 수 있습니다. 바벨론의 마지막 왕 벨사살이 하루는 귀족들을 대거 초대하여 잔치를 열었습니다. 잔치에 사용된 술잔은 예루살렘 성전에서 약탈해 온 그릇들이었습니다. 사람들은 성전에서 나온 그릇에 술을 부어 마시고는 금, 은, 구리, 쇠, 나무, 돌로 만든 바벨론의 우상들을 찬양했습니다.

그때 갑자기 왕궁 벽에 사람의 손가락이 나타나더니 뜻 모를 글자를 썼습니다. 왕은 얼마나 놀랐던지 얼굴빛이 변하고 다리가 녹는 듯하며 무릎이 서로 부딪칠 만큼 두려움에 떨었습니다. 그는 소리를 지르며 술객과 점쟁이와 박사들을 불러 그 글자를 읽어보라고 명합니다. 하지만 아무도 아는 사람이 없었습니다. 그 소식을 들은 태후가 왕에게 다니엘을 추천했지요. 느부갓네살 왕 때에도 다니엘이 왕의 꿈을 맞추고 해석한 적이 있었기 때문입니다.

다니엘은 먼저 느부갓네살 왕이 교만하여 하나님께서 한때 그를 폐하신 일을 벨사살 왕에게 상기시킵니다. 그런데 벨사살 왕은 그 사실을 알고 있었으면서도 자신을 낮추지 않고 오히려 하나님 앞에 심히 교만한 행동을 했습니다. 성전에서 나온 그릇으로 술을 마시며 우상을 찬양했으니 얼마나 교만한 모습입니까. 다니엘은 이것이 바로 문제의 원인임을 깨우쳐 주었습니다.

그런 후에 그는 글씨를 보고 "메네 메네 데겔 우바르신"이라 읽고 그 뜻을 설명했습니다. 곧 왕의 잘못으로 인해 나라가 메데와 바사에 넘어간다는 것이었습니다. 벨사살은 다니엘이 해석해준 것에 만족하여 큰 상을 줍니다. 영화로운 자주색 옷과 금사슬을 주고, 나라의 셋째 치리자로 삼았던 것입니다.

만약 여러분이 벨사살 왕이라면 어떻게 하겠습니까? 다니엘의 말을 정말 믿는다면 그에게 상을 내리는 것이 문제가 아닙니다.

자신에게 닥칠 하나님의 심판을 돌이키기 위해 빨리 문제를 해결해야 합니다. 교만 때문에 나라의 멸망을 선고받았으니 자신의 행동을 돌아보아야 하는데 벨사살 왕은 그렇지 않았습니다.

다니엘의 해석을 듣고도 벨사살 왕은 자신과 상관없는 일처럼 여깁니다. 여전히 향락을 즐기고 잔치를 벌였지요. 결국 그날 밤 벨사살 왕은 나라를 빼앗기고 목숨마저 잃고 말았습니다. 하나님께서 기이한 일로써 미리 경고해 주셨고 다니엘의 지혜로 그 이유를 알 수 있었지만 소용이 없었습니다. 지혜를 듣고도 자신에게 적용하지 않으니 아무런 유익이 없었던 것입니다.

오늘날에도 이러한 사람이 많습니다. 지혜를 듣고 상담을 받는 것은 좋아하지만 자신에게 적용하지 않습니다. 지혜는 지식을 쌓는 것만으로 얻을 수 있는 것이 아닙니다. 마음으로 받고 행하여 자신을 변화시킬 때라야 얻을 수 있습니다. 자신부터 변화되고 선한 지혜로 주변을 변화시켜 나갈 수 있어야 하지요. 그럴 때 가족이나 주변 사람들까지도 하나님의 은혜 가운데 들어오게 됩니다.

둘째, 어려운 상황에 처했을 때에도 잠잠히 하나님의 뜻을 분별하며 자족합니다.

빌립보서 4장 11~13절에 "어떠한 형편에든지 내가 자족하기를 배웠노니 내가 비천에 처할 줄도 알고 풍부에 처할 줄도 알아 모든 일에 배부르며 배고픔과 풍부와 궁핍에도 일체의 비결을 배웠노라 내게 능력 주시는 자 안에서 내가 모든 것을 할 수 있느니라" 했습니다.

이 말씀처럼 양순의 마음을 이루면 모든 것이 풍요로울 때만 아니라 어려운 상황에 처해도 마음에 요동이 없습니다. "이래서 힘들다, 저래서 어렵다."며 낙심하고 불평하는 것이 아니라, 감사와 기쁨으로 모든 상황을 감내해 나갑니다. 자신이 당면한 어려움보다 마음에 가득한 하나님의 은혜가 더욱 크기 때문입니다.

어떤 사람은 자기 생각대로 일이 풀리지 않거나 어려운 상황이 닥치면 불편한 기색을 바로 드러냅니다. 초조해하고 안색이 변하여 주변 사람까지 불안하게 만듭니다. 불평불만을 쏟아내고 문제의 원인을 남의 탓으로 돌리며 비난하기도 합니다. 이렇게 해서는 문제를 해결할 수 없습니다. 하나님의 역사는 더더욱 체험할 수 없으며 주변 사람들에게 인심까지 잃게 됩니다.

양순한 마음을 이룬 사람은 현실적으로 어려운 상황에 놓여도 마음의 여유를 잃지 않습니다. 당황하고 슬퍼하는 것이 아니라, 잠잠히 하나님의 뜻을 깨닫고자 합니다. 마음에 하나님의 은혜가 풍성하며 하나님의 사랑을 확신하기 때문에 늘 평안하지요. 나아가 그 상황에서 할 수 있는 최선의 것을 택하여 행합니다.

물론 전혀 긴장되지 않는 것은 아닙니다. 하나님의 은혜를 구하며 최선을 다해 방법을 찾지만, 어떤 때라도 하나님을 신뢰하기 때문에 깊은 마음에는 요동함이 없고 평안하지요. 하나님께서는 그 신뢰가 진실할 때 반드시 멋지게 응답하고 크게 영광을 받으십니다.

제가 해외성회를 다니다 보면 예상치 못한 장애물을 만날 때가 있었습니다. 그러나 어떤 상황에서도 하나님을 신뢰하며 흔들리지 않고 임했을 때 하나님께서는 길을 열어 주셨습니다. 2002년 인도 연합대성회 때 겪은 일입니다.

성회 셋째 날, 돌발 상황이 벌어졌습니다. 제가 설교를 하는데 갑자기 세찬 바람과 함께 천둥 번개가 치고 장대비가 쏟아졌습니다. 설교하면서 마음속으로 계속 기도를 하였지만 빗줄기는 더 거세졌습니다. 그동안 하나님께서는 교회 행사 때마다 좋은 날씨를 주셨고, 억수같이 오던 비도 기도하면 그쳤기 때문에 그처럼 비를 흠뻑 맞은 것은 처음 겪는 일이었습니다.

현실적으로 보면 비 때문에 여러 문제가 생길 수도 있었습니다. 일단 방송 장비를 비롯하여 콘센트와 전선이 물에 젖으면 고장과

합선의 우려가 있습니다. 또 수많은 인파가 갑자기 쏟아지는 비를 피해 움직인다면 자칫 인명사고로 이어질 수도 있는 상황이었습니다. 그러나 퍼붓는 빗속에서도 저는 끝까지 성회를 진행하며 하나님의 뜻이 무엇인지 알고자 했습니다. 제가 원하는 대로 이루어 주셔야 한다고 고집하지도 않았습니다. 이제까지 함께하신 하나님께서 이번에는 어떻게 영광을 받으실지 기대하며 기다렸을 뿐입니다.

당시에는 알지 못했지만 이것은 사람이 생각하지 못한 방식으로 일하시는 하나님의 축복이었습니다. 일반적으로는 성회 중에 비가 오지 않아야 좋습니다. 야외에서 열리는 성회라면 더욱 그렇습니다. 그러나 인도에서는 상황이 달랐습니다. 10개월째 비 한 방울 내리지 않을 만큼 심각한 가뭄에 시달리던 터라 그곳에서는 비가 쏟아지는 것을 축복으로 여겼습니다.

게다가 굵은 빗줄기 속에서 제가 우산도 쓰지 않고 열정적으로 설교하고 기도하는 모습이 생중계되면서 수많은 사람이 감동을 받았습니다. 그 여파로 다음날에는 셀 수 없을 정도로 엄청난 인파가 몰려와 인도 기독교 사상 최대, 최다, 최고의 성회를 이루게 되었습니다.

로마서 8장 28절에 "우리가 알거니와 하나님을 사랑하는 자

곧 그 뜻대로 부르심을 입은 자들에게는 모든 것이 합력하여 선을 이루느니라" 했습니다. 믿음은 내가 원하는 방식대로 하나님께서 움직이시기를 바라는 것이 아닙니다. 정녕 믿는다면 범사에 하나님을 의지하면서 그분의 뜻이 무엇인지를 깨달아야 합니다. 그 뜻 안에서 자신이 갈 길을 찾아 믿음으로 행해야 합니다.

우리가 양순한 마음으로 범사에 자족하며 선을 좇아 행해 나가면 성령께서 앞길을 인도하십니다. 그러니 지금 나아가는 것이 하나님 뜻인지, 혹은 한 걸음 물러서는 것이 하나님 뜻인지 분별할 수 있지요. 이것이 사망의 음침한 골짜기를 다닐지라도 하나님과의 동행을 체험할 수 있는 지혜입니다.

셋째, 하나님 말씀에 순종할 뿐 아니라 마땅히 행할 것 이상으로 행합니다.

어머니가 외출하면서 어린 아들에게 당부합니다. "엄마가 잠깐 밖에 나갔다가 올 테니까 그동안 동생 잘 데리고 놀고, 숙제도 해 놓으렴." 하고 할 일을 알려 줍니다. 얼마 후 어머니가 집에 돌아와 보니 아들이 숙제는 물론이고, 동생을 돌보며 서툰 솜씨지만 집 안 청소까지 해놓았습니다. 숙제를 마치고 그냥 놀아도 될 텐데, 엄마의 마음을 헤아려 자기 할 일 이상을 한 것입니다. 부모의 입장에서는 이런 아들이 대견하고 사랑스럽겠지요. 어린아이라 해도 믿음직스럽고 신뢰가 가지 않겠습니까.

양순의 마음을 이룬 사람은 이와 같이 하나님을 사랑함으로 말씀대로 순종합니다. 뿐만 아니라 성령의 인도하심 속에서 범사에 더 좋은 것을 분별하여 행합니다. 하나를 명하셔도 하나님의 마음에 맞추어 둘, 셋 혹은 그 이상을 해냅니다. 하나님께서는 이러한 사람들을 볼 때에 매우 기뻐하며 "내 마음에 합하다" 하십니다.

신앙생활을 하다 보면 선택의 기로에 설 때가 많습니다. 만약 한쪽은 진리이고 다른 한쪽은 비진리라면 당연히 진리를 선택해야 합니다. 그런데 둘 다 진리라면 사람들은 대부분 자신이 원하는 쪽을 택합니다. 하지만 양순의 마음을 이룬 사람이라면 하나님께 더 영광이 되는 것을 택하지요. 어느 것이 더 하나님을 기쁘시게 할지를 생각하여 선택하는 것입니다.

다니엘과 그의 세 친구가 그랬습니다. 남유다 왕국이 바벨론의 침략을 받았을 때 다니엘과 친구들은 어린 나이에 포로로 잡혀갑니다. 바벨론 제국은 포로로 잡혀온 사람들 중에 소년들을 대상으로 바벨론의 언어와 학문을 가르쳤습니다. 왕족 또는 귀족이면서 출중한 외모, 뛰어난 재능과 지식, 왕궁에 어울릴 만한 예법을 갖춘 소년들을 골라 바벨론식 교육을 시켰지요.

다니엘과 세 친구도 뽑혔는데, 이러한 상황에서도 그들은 마음을 지키기로 뜻을 정하였습니다. 그중 하나로 왕궁에서 나오는 음식과 포도주로 자신을 더럽히지 않겠다고 결심합니다. 음식 중에는 우상 앞에 바쳐진 제물이나 하나님께서 이스라엘 백성에게 금하신 가증한 짐승들이 들어 있을 수도 있기 때문입니다.

다니엘은 환관장에게 특별히 부탁했습니다. 물과 채식으로만 달라는 것이었습니다. 환관장은 임의로 이를 허락했다가 소년들의 외모가 좋지 않으면 자신이 왕에게 문책당할까 염려했습니다. 그러자 다니엘은 감독하는 자에게 열흘 동안만 시험해 보자고 제안합니다. 열흘이 지나자 신기한 일이 일어났습니다. 왕의 진미를 먹은 소년들보다 다니엘과 친구들의 얼굴이 더 윤택하고 아름답게 보인 것입니다.

여러분이 다니엘이라면 어떻게 하겠습니까? 아무리 뜻을 정했다고는 하지만 포로로 잡혀온 이상 음식의 좋고 나쁨을 따질 입장이 아닙니다. 모든 음식이 가증한 것도 아니고 섣불리 음식을 가렸다가 환관장의 눈 밖에 날 수도 있습니다. 그러니 다른 소년들처럼 "여기는 바벨론이고, 어쩔 수 없는 상황이니까…." 하며 적당히 타협하고 그냥 먹을 수도 있습니다. 그러나 다니엘과 친구들은 하나님께서 금하신 것을 먹지 않기 위해 뜻을 굽히지 않고 채식을 한 것입니다. 음식도 철저히 가려 먹을 정도인데 다른 분야에는 어떠했겠습니까?

하나님께서는 어떻게든 하나님 앞에 더 옳고 선한 쪽을 택하려는 그들의 중심을 보고 축복하셨습니다. 다니엘 1장 17절에 "하나님이 이 네 소년에게 지식을 얻게 하시며 모든 학문과 재주에 명철하게 하신 외에 다니엘은 또 모든 이상과 몽조를 깨달아 알더라" 한 대로, 다니엘과 친구들은 하나님의 축복으로 지혜로웠을 뿐만 아니라 왕의 인정을 받아 높은 지위에까지 올랐습니다.

영적인 담대함이 있어야

범사에 하나님 앞에서 더 합한 쪽을 택하는 것은 쉬운 일이 아닙니다. 더 선한 것을 택했는데도 현실적으로는 축복이 아니라 시련이 오는 것처럼 보일 때도 있습니다. 설령 그럴지라도 원망하거나 불평하는 것이 아니라 능히 감당하겠다는 각오가 있어야 합니다.

이는 영적인 담대함이 있을 때라야 가능합니다. "하나님은 내 편이시다. 하나님은 내 생명의 주인이시다."라는 굳건한 신뢰가 바탕에 있어야 합니다. 여기서 생각해 볼 점은 다니엘과 친구들이 환관장과 감독하는 자에게 부탁할 수 있기까지는 그들의 행실이 평소에 어떠했겠는가 하는 것입니다.

감독하는 자의 입장에서 보면 굳이 그들의 말을 들어줄 이유가 없습니다. 요청을 들어주다가 자신이 어려움을 당할 수도 있지요. 그런데도 그가 특별히 배려해 준 것은 하나님의 역사이기도 하지만, 평소에 다니엘과 세 친구가 얼마나 선하고 성실하게 행했는지 짐작하게 합니다. 그들은 결정적인 순간에 하나님께서 감독하는 자의 마음을 움직이실 수 있도록 평소에 선한 행함을 쌓았습니다.

우리도 하나님 앞에서 믿음을 내보일 때 주변의 이해와 도움을 구해야 할 경우가 있습니다. 가령, 중요한 교회 행사에 참석하고 싶은데 직장에서 휴가 일정이 맞지 않거나 가족 모임과 겹칠 수 있습니다. 이러한 경우에 배려를 받기 위해서는 평소 선을 쌓는 것이 중요합니다.

직장에서도 부지런하고 성실하여 주변 사람들에게 인정받을 수 있어야 하지요. 또 자신의 업무를 충실히 감당해 놓고 다른 사람들에게 피해가 가지 않게 해야 합니다. 가족들에게도 교회 행사에 참석하느라 함께하지는 못하지만 마음은 함께한다고 느낄 수 있도록 감동을 주어야 합니다. 이렇게 선을 쌓아 두어야 하나님의 영광을 가리지 않는 것입니다. 평소에는 자기 좋을 대로 하다가 필요할 때만 "너그럽게 이해해 달라"고 요구하는 것은 믿음이 아닙니다. 자기 욕심에 불과합니다.

실족시키지 않는 마음

사도 바울의 행함과 고백을 보면 그가 얼마큼 양순의 마음을 이루었는지 알 수 있습니다. 그는 주님을 알기 전에도 구약의 율법을 철저히 지켰습니다. 주님을 만난 후에는 복음을 위해 자신의 모든 것을 드렸고, 자신이 누릴 수 있는 것도 누리지 않았습니다.

한 예로, 고린도전서 8장 13절에는 "만일 식물이 내 형제로 실족케 하면 나는 영원히 고기를 먹지 아니하여 내 형제를 실족지 않게 하리라"는 그의 고백이 나옵니다. 이것은 '우상의 제물로 바친 고기를 성도가 먹어도 되는가?' 하는 질문에 대한 답변이기도 합니다.

사도 바울이 사역할 당시 고린도 지역은 우상 숭배가 성행했습니다. 자연히 우상의 제물로 쓰인 고기를 시장에 내다파는 경우가 많았지요. 그러다 보니 우상 앞에 바친 제물인 줄 모르고 고기를 시장에서 사먹는 경우도 있었습니다. 나중에야 우상의 제물임을 안 성도들은 이것이 하나님 앞에 문제가 되는지 몹시 궁금해했습니다.

물론 먹기 전에 우상의 제물인 줄 알았다면, 안 먹는 것이 좋습니다. 그러나 고기의 유통과정을 시장에서 일일이 확인할 수 있는 것도 아니고, 불가피하게 먹어야 할 상황이라면 먹어도 죄가 되지는 않습니다(롬 14장). 단순히 음식으로써 먹는 것일 뿐, 우상 숭배에 동참하는 것이 아니기 때문입니다.

그러나 믿음이 연약한 사람들의 입장에서는 우상의 제단에 올렸던 음식을 먹는 것 자체가 꺼림칙할 수도 있습니다. 또 믿음이 연약한 사람은 믿음이 있는 사람이 그 음식을 먹는 것을 보고 우상 숭배에 동조하는 것으로 생각할 수 있습니다. '저분은 믿음이 있다면서 왜 범죄하지?' 하고 판단 정죄할 수 있지요. 혹은 "사도 바울 같은 분도 우상의 제물을 먹으니까 나도 괜찮겠지."라고 생각하면서 거리낌 없이 먹을 수도 있습니다.

단순히 음식물로 생각하고 먹으면 상관이 없지만, 우상의 제물로 생각하고 양심에 찔리면서 먹으니 문제가 됩니다. 로마서 14장 23절에 "의심하고 먹는 자는 정죄되었나니 이는 믿음으로 좇아 하지 아니한 연고라 믿음으로 좇아 하지 아니하는 모든 것이 죄니라" 한 대로 '이렇게 하면 안 되는데…' 하면서도 행하는 것은 원수 마귀 사단의 송사거리를 만들기 때문입니다.

또한 '그러면 안 되는데…' 생각하면서 거듭 해 나간다면 양심이 점점 무뎌집니다. 나중에는 큰 죄를 범하면서도 "이러면 안 된다."는 것조차 느끼지 못하게 됩니다. 바울의 경우 자신은 얼마든지 믿음으로 먹을 수 있지만 혹시라도 이를 본 사람이 실족할 상황이라면 차라리 먹지 않겠다고 합니다. 설령 영원히 고기를 먹지 않게 되더라도 영혼을 실족시키지 않는 편을 택하겠다고 한 것입니다.

마땅히 쓸 권리를 쓰지 않는 마음

사도 바울은 복음을 위해 자신이 누릴 수 있는 권리도 포기하고 버려 나갔습니다. 복음 전파에 장애가 되지 않기 위해 다른 사람들처럼 먹고 마시는 권리, 결혼할 수 있는 권리를 쓰지 않았습니다. 또 일하지 않고 마땅히 얻을 수 있는 권리도 포기했다고 말합니다.

원칙적으로 주의 종은 말씀과 기도에 전념하기 위해 성도들로부터 필요한 것을 공급받습니다. 그러나 바울은 스스로 일해서 쓸 것을 마련했지요. 물론 그 때문에 사역을 등한히 한 것이 아니며 둘 다 넘치게 감당했습니다. 그가 이렇게 한 데에는 여러 이유가 있겠지만 무엇보다도 성도들을 사랑하여 짐이 되고 싶지 않았기 때문입니다.

하나님께서는 이런 바울을 기뻐하시고 다른 사도들보다 더 큰 권능을 행하게 하셨습니다. 밝은 영감과 지혜도 더하셨기에 바울은 성도들에게 우상의 제물뿐만 아니라, 결혼이나 이혼, 가정과 일터에서의 문제, 성령의 은사, 성찬식에 관한 문제들에 대해 지혜와 명철로써 명쾌한 답을 줄 수 있었습니다.

이처럼 마음에 양순을 이루면 어떤 복잡한 상황에 당면해도 하나님의 뜻을 정확히 분별할 수 있습니다. 또 바울은 큰 권능의 역사를 통해 무수한 영혼을 구원하며 하나님께서 원하시는 방향으로 성도들을 이끌어갈 수 있었습니다.

여러분도 때로는 복음을 전하기 위해 자신이 누릴 수 있는 권리를 포기하는 경우가 있을 것입니다. 평소에도 진리 가운데 행하려고 하지만, 교회에 다닌다는 사실이 주변 사람에게 알려지면 말투 하나, 행동 하나까지도 주의하려고 노력합니다. "교회 다닌다는 사람이 왜 저러지?" 하는 말이 나오지 않도록 삼가 조심하게 되지요. 또 상대가 잘못하여 따질 만한 일이 있어도 너그럽게 이해하고 넘어가기도 합니다.

이웃 상점의 주인을 전도하려 할 때는 다른 곳보다 물건 값이 더 비싼데도 굳이 그곳을 찾아갑니다. 이런 것도 어찌 보면 양순의 한 면이라 할 수 있습니다. 그러나 양순의 마음을 온전히 이루면 전도하기 위해서만이 아니라 항상 선을 택할 수 있습니다.

어떤 목적이 있어서 혹은 누가 보아서가 아닙니다. 하나님을 더 기쁘시게 해드리고 싶기 때문입니다. '내가 이렇게 행하면 이런 유익을 얻을 수 있겠지, 상대도 선하게 반응하겠지.'라고 계산하여 행하는 것이 아니라, 마음에 가득한 선이 말과 행함 가운데 저절로 배어나오는 것입니다.

성도 앞에서 본이 되어야 하는 주의 종이나 일꾼들은, 더욱 더 양순의 마음을 이루어야 합니다. 범사에 본이 되어야 하기 때문에 하고 싶은 일도 못 할 때가 있습니다. 반대로 굳이 하지 않아도 되는 일이지만 하나님의 영광을 위해 하는 경우도 있습니다.

예를 들어, 휴일에 시장을 잠시 다녀오려고 해도 복장이나 머리를 다시 한 번 살피게 됩니다. 얼마든지 편한 모습으로 나갈 수 있지만, 혹시라도 성도들이 보고 걸림이 되지 않도록 주의하게 되지요. 또 말과 행실도 성도들이 보는 곳에서는 더 조심합니다. 이 것은 겉으로만 거룩한 척 외식하라는 뜻이 아니라, 상대를 위해 스스로 절제해야 할 때가 있다는 것입니다.

교회 개척 초기에 제가 양복에 십자가 배지를 달고 다닌 적이 있습니다. 이 모습을 보고 많은 성도가 따라서 배지를 달았지요. 그런데 문제는 믿음이 연약한 성도들 중에 십자가 배지를 달고 다니면서 덕이 되지 않는 행동을 하는 데 있었습니다. 그래서 저는

'자칫 하나님의 영광을 가리겠구나' 생각하고 그때부터는 배지를 달지 않았습니다.

또 한때는 선물로 들어온 넥타이핀을 하고 다닐까 하다가 그것으로 사치 풍조가 생겨날까봐 일절 착용하지 않았지요. 성도들이 지켜보는 주의 종이기 때문에 사소한 것도 절제하며 삼가 모든 삶을 스스로 묶어 왔던 것입니다.

예전에 주의 종 교육이나 일꾼들의 교육 후 하루 정도 휴식시간을 가졌습니다. 일 년 내내 주의 일로 수고한 분들에게 하루만이라도 쉼을 갖도록 배려한 것입니다. 이럴 때 제가 일꾼들과 함께 운동 삼아 볼링을 친 적이 있습니다. 그런데 성도들 사이에 금방 퍼졌습니다. 일 년에 한두 번 정도가 아니라 성도들이 취미 삼아 수시로 볼링장에 드나드는 것입니다. 그래서 저는 곧바로 그만두었습니다.

사랑하는 성도들과 자주 만나 심방도 하고 여유롭게 식사도 하면서 대화의 시간을 갖는다면 얼마나 행복하겠습니까. 그러나 저는 하나님의 나라를 이루기 위해 말씀과 기도에 전념하고 있습니다. 일 년에 한 번 있는 수련회조차 하나님께서 허락하지 않으시면 가지 않습니다.

이렇게 하나님의 마음을 감동시킬 만한 일들을 행해 나갈 때,

하나님께서는 풍성하게 축복하셨습니다. 하나님의 사랑과 성도들의 사랑을 넘치도록 받게 하셨고, 하나님의 권능으로 세계 선교를 이룰 수 있는 길도 활짝 열어 주셨지요. 또한 제 마음과 행함을 기뻐 받으시고 제 편에서 누리고자 하지 않은 것까지도 누리게 하셨습니다.

하나님을 위해 절제하는 삶에 따르는 축복

여러분도 진리 안에서 자유함을 누리되 늘 자신을 돌아보시기 바랍니다. "나는 믿음으로 한다." 해도 다시 한 번 살핀다면 복된 일입니다. "이것이 옳은 일입니까? 내가 하나님 앞에 더 합한 것을 택했습니까?" 하며 겸비하게 자신을 점검하고 하나님이 기뻐하시는 쪽을 택해 나갈 때 더욱 온전케 될 것입니다.

물론 이는 각자의 믿음의 분량에 따라 해야 합니다. 하나님께서도 모든 성도에게 당장 온전하라고 요구하지는 않으십니다. 그러나 스스로 묶어서라도 하나님께서 더 기뻐하시는 것을 택할 수 있다면 이것이 참 지혜입니다. 나아가 사심이 없는 만큼 모든 것을 명확하게 분별할 수 있는 지혜를 얻게 됩니다.

하나님께서는 사랑하는 자녀들로 인해 기쁨을 얻기만 하시는 분이 아닙니다. 땅에서나 하늘에서나 삼십 배, 육십 배, 백 배 이상의 축복으로 반드시 갚아 주십니다.

예전에 한 성도의 천국 집을 보여 주신 적이 있습니다. 그 집 정원 한 편에는 황금 보석들로 만든 여러 운동 기구가 놓여 있었습니다. 이 땅에서 운동을 좋아했지만 주의 종으로서 성도들을 섬기며 하나님 일을 위해 절제한 그분의 마음을 위로하기 위해 준비해 놓으신 것이었습니다.

또 평소 벚꽃을 좋아하는 어떤 분의 천국 집에는 아름다운 벚꽃 길이 있었습니다. 이 땅의 꽃과는 달리 영원히 시들거나 지지 않으며, 그러면서도 때로 눈송이처럼 흩날리는 풍경을 연출합니다. 하나님의 일에 충성하느라 계절이 바뀌는지도 모르고 수년간 벚꽃 길 한번 못 걸어본 그분을 위해 하나님께서 준비해 주신 것입니다.

이처럼 우리가 이 땅에서 취할 수 있는 것도 주님을 위해 절제한 것을 하나님께서는 다 기억하시고 넘치는 축복으로 갚아 주십니다(마 19:29). 각 사람의 아름다운 천국 집을 예비할 뿐 아니라 하나님 나라와 의를 이루기 위해 누리지 못한 것을 마음껏 누리도록 세밀하게 준비해 주시니 얼마나 감사한지요.

장차 천국에 이르면 하나님께서 예비해 놓으신 자신의 집과 상급을 볼 때, 작은 소망까지도 기억하신 아버지 하나님께 눈물로 감사와 사랑을 고백하지 않을 수 없을 것입니다. 따라서 잠시 잠깐의 낙이나 유익을 좇는 것이 아니라 영원하고 참된 천국을 사모하는 지혜로운 삶을 영위하시기 바랍니다.

Chapter 6

긍휼과 선한 열매가
가득한 지혜

긍휼과 선한 열매와의 관계

생명을 살리는 긍휼의 지혜

선한 열매가 가득한 긍휼의 지혜

오직 위로부터 난 지혜는

첫째 성결하고 다음에 화평하고 관용하고 양순하며

긍휼과 선한 열매가 가득하고

야고보서 3:17

미국 뉴욕 시장을 세 번이나 연임한 피오렐로 라 과디아라는 사람이 있습니다. 그가 뉴욕시 법원 판사로 재직할 때의 일입니다. 하루는 상점에서 빵을 훔치다 붙잡힌 노인이 기소되었습니다. 노인은 배가 고파 우는 아이들을 위해 빵에 손을 댔다고 고백했습니다. 사건의 경위를 들은 라 과디아 판사는 '10달러의 벌금형'을 선고합니다. 그러자 장내가 술렁거렸습니다.

판사는 "사정이 딱해도 남의 것을 훔친 행동은 잘못이므로 법대로 적용할 수밖에 없습니다. 하지만 이웃의 어려움을 방치한 시민들에게도 책임이 있으므로 제가 벌금 10달러를 내겠습니다." 라고 말했습니다. 그리고 나서 중절모를 재판부 서기에게 내주며 "이곳에 계신 분들도 나처럼 벌금을 내고 싶으면 이 모자에 넣으시기 바랍니다." 하고 모자를 돌리게 했습니다.

이렇게 하여 가난한 노인은 벌금을 제외한 47달러를 받아 감격의 눈물을 흘리며 돌아갔다고 합니다. 아무리 죄인의 사정이 딱하다 해도 판사의 입장에서는 법을 존중해야 합니다. 한편 그에게는 이웃을 불쌍히 여기는 마음도 있었기 때문에 법을 지키면서도 노인을 구제할 수 있는 지혜를 발휘한 것입니다. 우리에게도 이러한 긍휼의 지혜가 풍성하다면 삶이 더 아름답고 따뜻해질 수 있습니다.

긍휼과 선한 열매와의 관계

긍휼의 사전적 의미는 '남을 불쌍히 여기는 것'입니다. 영적으로는 불쌍히 여기는 것만이 아니라 '한 영혼을 천하보다 귀하게 여기는 마음'을 말합니다. 해일과 같은 죄의 파도에 빠진 영혼이라도 포기하지 않고 끝까지 구원을 얻게 하려는 마음입니다.

그러기 위해서는 선한 마음의 바탕 위에서 상대의 입장과 마음이 되어 주어야 합니다. 이러한 마음이 될 때 영혼을 살릴 수 있는 지혜, 구원의 길로 이끄는 지혜를 얻을 수 있습니다. 그 지혜로 지쳐 있는 영혼에게 힘을 줄 수 있고 상처받은 영혼들을 위로할 수 있습니다. 이처럼 하나님 안에서 긍휼을 베풀었을 때 얻어지는 모든 열매들이 '선한 열매'가 되므로 긍휼과 선한 열매는 하나의 짝을 이룹니다.

하나님의 마음은 긍휼 자체이십니다. 만약 하나님께서 죄인들을 용서하지 않고 율법대로 처리하신다면 어느 누가 살아남겠습니까? 하나님께서 긍휼을 베푸시기에 우리가 회개할 기회를 얻고 구원에 이를 수 있는 것입니다.

근본 하나님과 하나이신 주님의 마음 또한 긍휼 자체입니다. 마태복음 12장 20절에 보면, 예수님에 대해 "상한 갈대를 꺾지 아니하며 꺼져가는 심지를 끄지 아니하기를 심판하여 이길 때까지 하리니" 했습니다. 예수님께서는 상한 갈대처럼 심령이 죄에 물들어 버린 사람이나 혹은 꺼져가는 심지처럼 구원의 가능성이 희박한 사람이라도 끝까지 참아 주셨습니다. 세리나 창기와 같이 멸시받던 죄인들에게도 복음을 전하셨습니다. 의인을 부르러 온 것이 아니라 죄인을 불러 회개시키러 오셨기 때문입니다.

예수님께서 놀라운 권능을 베풀며 선한 일만 행하셨는데 끝내 예수님을 대적한 사람들이 있었습니다. 가룟 유다처럼 예수님을 팔아넘긴 사람도 있었지요. 하지만 예수님은 이런 사람들조차도 "너는 도무지 구원받지 못할 중심이구나." 하고 외면하지 않으셨습니다.

마지막 순간까지도 그에게 구원의 기회를 주셨습니다. 한 영혼을 천하보다 귀히 여기는 하나님 마음으로 십자가에 달려 죽으심으로 모든 인류에게 구원의 길을 열어 주셨습니다. 그 보혈의 공로를 의지하여 구원을 얻은 무수한 영혼들이 바로 예수님께서 '긍휼을 통해 맺으신 선한 열매'입니다.

생명을 살리는 긍휼의 지혜

긍휼은 단지 불쌍히 여기고 귀히 여기는 마음만이 아닙니다. 한 영혼을 구원의 길로 이끌기 위해서 용서도 하고 징계도 하며 때를 좇아 구제도 합니다. 이처럼 긍휼에는 용서의 긍휼, 징계의 긍휼, 구제의 긍휼 등 여러 측면이 있습니다.

1) 상대의 입장에서 이해하는 용서의 긍휼

에베소서 4장 32절에 "서로 인자하게 하며 불쌍히 여기며 서로 용서하기를 하나님이 그리스도 안에서 너희를 용서하심과 같이 하라" 했습니다. 하나님과 주님께서 우리를 긍휼히 여기고 용서하심과 같이 우리도 서로를 용서하라는 것입니다. 그런데 긍휼히 여겨 용서하기 위해서는 상대의 입장을 이해해 줄 수 있어야 합니다. 내 입장에서는 도무지 용서할 수 없는 것이라도, 상대의 입장에서 이해하면 얼마든지 용서할 수 있습니다.

예를 들어, 믿지 않는 부모나 남편이 핍박할 때 상대를 이해하지 못하면 원망이 나옵니다. 핍박하는 상대를 사랑할 수 없고 두려움과 서운함 속에 피하고 싶어집니다. 그러나 '하나님을 알지 못하는 남편의 입장에서는 나를 이해할 수 없겠구나.' 하고 마음에서부터 이해하려고 하면 남편이 불쌍하고 안타깝게 여겨집니다. 자연히 핍박받는 것조차 자기 탓으로 돌리고, 남편을 위해 사랑의 기도가 나옵니다.

이러한 긍휼의 기도가 있을 때 하나님께서는 남편의 마음을 움직여 주십니다. 말 한 마디를 하더라도 남편에게 감동을 줄 수 있는 지혜를 주시지요. 믿음 있는 아내의 입장에서는 옳고 당연한 말이라 해도, 믿음 없는 남편에게는 이해되지 않는 것이 많습니다. 그러니 아내가 자신의 입장에서만 말을 하면 서로 변론하다가 감정이 상하고 마음이 불편해질 뿐입니다.

상대가 틀렸다고만 할 것이 아니라, 상대의 마음을 이해하며 그 입장에서 생각할 때라야 지혜가 옵니다. 일례로, 적절한 비유가 떠올라 믿지 않는 남편이 납득할 수 있도록 설명할 방법을 찾게 되는 것입니다.

성도들을 대할 때에도 마찬가지입니다. 어떤 사람은 일꾼인데도 사사건건 트집을 잡아 주변 사람들을 힘들게 합니다. 오랜 세월 하나님 말씀을 들어도 변화되지 않고 여전히 속이는 사람, 자기 고집을 꺾지 않는 사람, 여기저기 말을 옮기는 사람, 자기 욕심만 채우려는 사람도 있습니다. 이런 사람들을 볼 때 한편으로는 답답하게 여길 수도 있습니다. '그토록 하나님 말씀을 듣고도 왜 저렇게 변화가 없나?' 하고 생각하는 것입니다.

이럴 때라도 상대의 입장이 되어 이해하면 긍휼히 여길 수 있습니다. 그들도 얼마나 변화되고 싶겠습니까. 나름대로 하나님을 사랑하고 교회의 힘이 되고 싶을 것입니다. 그러나 태어나면서부터, 혹은 열악한 가정환경 속에 성장하면서 마음에 비진리가 많이 심어졌기 때문에 선으로 마음을 변화시킬 힘이 약합니다. 머리로는 선을 행해야 함을 알지만 하나님 말씀으로 마음을 지킬 수 없을 때 누구보다도 당사자가 답답하지요.

악을 버리지 못하는 만큼 성령의 충만함도 형통함도 받지 못하니 얼마나 안타깝겠습니까? 이렇게 상대의 입장이 되어 이해하면 불평하고 심술을 부리는 사람이라 해도 미운 것이 아니라 안쓰럽고 사랑스럽게 보입니다. 상대로 인해 어떤 손해를 입거나 불편함을 겪어도 인내하고 용납해 줄 수 있습니다.

제가 교회 개척 이래 지금까지 돌이켜보면 수많은 일들이 있었습니다. 상식적으로는 도무지 이해할 수 없는 일로 교회를 어렵게 만드는 사람도 있었고, 하나님의 역사를 크게 체험한 뒤 어느 순간 돌변하여 교회를 훼방한 사람도 있었습니다. 그럴 때마다 저는 그들의 허물을 성도들에게 알리지 않았습니다. 권면이나 책망을 받지 못할 사람이라면 참고 기다리는 편이 낫다고 생각했기 때문입니다. 이미 떠난 사람이라 해도 지난 허물을 말하지 않는 것은 언제라도 돌아올 수 있는 길을 열어 놓기 위해서입니다.

물론 잘못한 것을 무조건 용서하고 그냥 넘어가라는 의미는 아닙니다. 용서하는 것은 상대의 영혼을 살리기 위함입니다. 때로는 용서하는 것보다 책망하는 것이 상대를 살리는 경우도 있습니다. 책망받지 않고 넘어가면 하나님 앞에 죄의 담이 된 것을 깨우치지 못하고 사망의 길로 갈 수도 있기 때문입니다.

2) 상대의 마음을 여는 징계의 긍휼

용서와 징계는 상반되는 말처럼 보이지만 사실은 그렇지 않습니다. 긍휼에 속한 징계는 판단 정죄나 미움이 아닌 사랑으로 하는 징계이기 때문입니다. 하나님의 징계도 마찬가지입니다.

히브리서 12장 5~8절에 "내 아들아 주의 징계하심을 경히 여기지 말며 그에게 꾸지람을 받을 때에 낙심하지 말라 주께서 그 사랑하시는 자를 징계하시고 그의 받으시는 아들마다 채찍질하심이니라 … 징계는 다 받는 것이거늘 너희에게 없으면 사생자요 참 아들이 아니니라" 했습니다. 하나님께서는 우리를 사랑하기 때문에 우리가 잘못할 때 징계도 하십니다. 죄의 담이 많이 쌓여 하나님께서 외면하시면 징계조차 없습니다.

어떤 사람은 책망을 피하고자 자기 잘못을 덮고 변명하기에 급급합니다. 혹은 자신의 부족함이 드러난 것 때문에 낙심해 버리지요. 만일 낮아진 마음으로 잘못된 행동을 즉시 돌이켰다면 하나님께서는 그의 허물을 기억조차 하지 않으며 반드시 어려움 가운데서 회복시켜 주셨을 것입니다.

그런데 여러분이 상대의 허물을 알게 되어 권면이나 책망을 해야 할 때 자신의 마음을 잘 살펴야 합니다. 사랑의 권면인 것처럼 포장하지만 실상은 내 의와 틀 속에서 상대를 찌르는 것일 수도 있습니다. 또 교만한 마음으로 상대를 가르치려 하고 내 뜻대로 주관하려는 것일 수도 있습니다.

궁휼이 없이 권면할 때에는 상대가 듣지 않습니다. 이때 자신이 무시당했다는 생각에 자존심이 상해서 더욱 강한 말로 상대를 찌르며 책망을 하는 사람도 있습니다. 그렇게 해서라도 상대가 잘못을 인정하게 만들려는 것이지요. 그러나 이런 책망은 하지 않는 것이 낫습니다.

아무리 하나님 말씀을 인용해서 말한다 해도 사랑이 담기지 않으면 상대에게 돌이키는 은혜가 임하지 않습니다. 상대를 깨우쳐 주고 감동을 주는 것이 아니라, 감정이 상하고 힘이 빠지게 만들지요. 자신의 잘못을 깨닫고 잘 해보려 노력하다가도, 감정 섞인 권면이나 비난을 들으면 낙심하여 주저앉아 버립니다.

그러므로 상대를 권면하거나 징계할 때에는 상대의 마음과 입장을 이해하는 긍휼 가운데 해야 합니다. 그를 위해 생명이라도 줄 수 있는 사랑의 마음으로 기도하며 권면해야 합니다. 이런 마음이 되었을 때, 필요하다면 징계를 해서라도 상대의 영혼을 진리 가운데로 이끌 수 있습니다.

상대를 염려하고 긍휼히 여기는 마음이라면 책망할 때에도 지혜롭게 합니다. 주님께서 에베소 교회를 책망하실 때 먼저 잘한 일들을 칭찬해 주셨습니다(계 2:2~3). 그 칭찬을 듣고 마음이 열렸을 때 비로소 그들이 잘못한 것을 깨우쳐 주고 이에 대해 엄한 경고와 책망을 하셨지요. 책망을 마치며 이번에는 또 다른 잘한 것을 칭찬하십니다. 책망으로 인해 상대가 힘을 잃지 않도록 칭찬거리를 남겨두었다가 다시 한 번 격려하신 것입니다. 이와 같이 누군가를 책망할 일이 있다면 주님이 하신 것처럼 '상대의 마음을 여는 지혜'를 활용하시기 바랍니다.

부모가 자녀를 교육할 때에는 더욱 주의해야 합니다. 자녀가 잘못을 저지르면 부모는 그것을 바로잡아 줘야 합니다. 아이들은 스스로 마음을 지키고 옳고 그름을 정확히 분별하는 힘이 약하기 때문입니다. 이때 자신의 분노나 짜증, 감정을 담아 자녀를 책망하거나 징계해서는 안 됩니다.

어느 가정에 대여섯 살 난 아이가 주방 찬장에 있는 과자를 꺼내다가 그릇을 떨어뜨리고 말았습니다. 그릇이 깨지는 소리에 놀란 엄마가 뛰어나와 "엄마가 조심하라고 그랬지! 아휴, 이게 얼마짜리인데…." 하고 짜증을 내며 야단을 칩니다. 화가 난 엄마의 얼굴을 본 아이는 자신의 실수에 대한 미안함보다는 어떻게 이 위기를 모면할까 하는 생각뿐입니다.

부모가 감정을 실어 야단을 치면 자녀는 문제가 되는 행동을 잠시 멈추지만, 그것을 고치기보다는 혼나는 순간에 대한 두려움이 밀려들어 어떻게든 상황을 모면하려고 합니다. 이런 과정이 반복되면 자녀는 주눅이 들어 부모의 눈치만 보게 되고 부모가 두려움의 대상으로 자리 잡습니다.

"그렇게 말했는데 왜 못하니? 도대체 누굴 닮은 건지…."
"형은 안 그런데 너는 왜 그 모양이니?"
"옆집 누구는 공부 잘하는데, 너는 학원까지 다니면서 성적이 이게 뭐냐?"

어떤 부모는 사사건건 다른 사람과 비교하여 자녀의 자존심을 상하게 만듭니다. 만약 여러분이 아이의 입장이라면, 이런 말을 듣고 돌이킬 마음이 생기겠습니까? '아, 내가 잘못했구나. 부모님께

죄송하다. 앞으로 정말 잘해야겠다.' 하는 생각이 들까요? 아마 반발심과 불만이 생기기가 더 쉬울 것입니다.

에베소서 6장 4절에 "또 아비들아 너희 자녀를 노엽게 하지 말고 오직 주의 교양과 훈계로 양육하라" 말씀합니다. 아무리 어린 자녀라 해도 하나님 앞에서는 소중한 영혼입니다. 그렇기 때문에 자녀들을 대할 때 긍휼의 마음으로 그들의 마음과 감정을 배려해야 합니다.

"얼마나 힘들었니…. 네가 엄마 아빠의 손길을 원할 때 도움을 주지 못해 미안하구나."

이렇게 부모가 자신의 잘못으로 돌릴 때 하나님께서 자녀들의 마음을 움직이시니 그들이 감동을 받고 잘못을 돌이킬 수도 있지요. 그러기 위해서는 부모가 선한 마음을 이루기 위해 노력해야 합니다. 기도하면서 자녀의 감정을 상하게 하지 않고 깨우쳐 줄 수 있는 지혜를 구해야 합니다. 그렇다고 해서 무조건 용서하고 감싸주라는 것은 아닙니다. 훈계할 일이 있으면 엄히 훈계하여 바른 길로 이끌어야 합니다.

사무엘상 2장에 보면 자녀를 바르게 양육하지 못한 엘리 제사장이 나옵니다. 엘리 제사장의 두 아들인 홉니와 비느하스는 행실이 불량했습니다. 그들은 하나님께 제사 드릴 제물을 마음대로 취하는가 하면, 성전에서 수종드는 여인과 동침하는 등 이루 말할 수 없는 악을 행했습니다. 엘리 제사장은 아들들을 불러 타일렀습니다. "내가 너희의 악행을 이 모든 백성에게서 듣노라 내 아들아 그리 말라 내게 들리는 소문이 좋지 아니하니라"

아비의 훈계를 듣고도 홉니와 비느하스는 전혀 달라지지 않습니다. 그렇다면 엘리 제사장이 어떻게 해야 하겠습니까? 타일러서 되지 않는다면 엄히 징계를 해서라도 자녀의 잘못을 바로잡아야 합니다. 더욱이 하나님을 섬기는 제사장의 아들들이 하나님을 멸시하는 행동을 한다는 것은 있을 수 없는 일입니다.

하지만 엘리 제사장은 그렇게 하지 않습니다. 하나님께서는 그에게 '네 아들들을 나보다 더 중히 여긴다' 말씀하셨습니다. 결국 홉니와 비느하스는 전쟁터에서 한날에 죽임을 당하고 맙니다. 그 소식을 전해 들은 엘리 제사장은 큰 충격을 받고 의자에서 떨어져 목이 부러져 죽습니다.

평소 그가 아들들을 엄히 훈계하고 바른 길을 가도록 가르쳤더라면 집안이 망하는 일은 없었을 것입니다. 그러므로 부모가 정도를 좇아 자녀 양육을 하는 것은 자녀뿐 아니라 부모와 가문에까지 영향을 미치는 매우 중요한 일입니다. 따라서 자녀를 사랑한다면 자녀가 잘못했을 때 지혜롭게 초달할 수 있어야 합니다.

3) 상대에게 도움을 주는 구제의 긍휼

긍휼히 여기는 마음이 있다면 어려운 처지에 있는 사람들을 보고 불쌍하다 생각만 하는 것이 아닙니다. 실제적으로 도움의 손길을 베풉니다. 요한일서 3장 18절에 "자녀들아 우리가 말과 혀로만 사랑하지 말고 오직 행함과 진실함으로 하자" 했습니다. 이 말씀처럼 참된 긍휼은 행함과 진실함으로 상대를 돕는 것입니다.

먼저, 복음을 알지 못한 영혼들을 긍휼히 여겨야 합니다. 우리가 핍박을 받거나 때로는 생명의 위협을 받더라도 복음을 전하는 것은 긍휼이 있기 때문입니다. 또 세상에서 실패한 사람, 병든 사람, 소외된 사람들에게 긍휼을 베풀며 돌아보아야 합니다.

이렇게 진실함으로 긍휼을 베풀 때 하나님께서도 우리에게 긍휼을 베풀어 주십니다. 우리가 가진 것을 나누고 섬길 때 "주라 그리하면 너희에게 줄 것이니 곧 후히 되어 누르고 흔들어 넘치도록 하여 너희에게 안겨 주리라"(눅 6:38) 하신 대로 하나님께서는 심은 것보다 더 풍성한 축복으로 갚아 주십니다. 그래서 구제하는 것이 지혜라고 하는 것입니다.

사도행전 9장에 보면 욥바에 사는 다비다라는 여 제자가 나옵니다. 욥바는 지중해 바닷가 언덕에 위치한 항구 도시입니다. 당시 예루살렘 교회에 핍박을 피해 흩어진 성도 중에 욥바에도 정착한 이들이 있었습니다. 핍박이 심한 상황 속에서도 다비다는 자신의 생명을 아끼지 않고 열심히 복음을 전하며 베푸는 삶을 살았습니다. 무엇보다 그녀는 어렵고 불쌍한 과부들에게 도움의 손길을 베풀었지요.

선행이 많은 다비다가 그만 병으로 죽게 되자, 평소 그녀의 도움을 받았던 사람들이 나서서 그녀를 살려 달라고 하나님께 구했습니다. 마침 베드로가 욥바 근처에 있다는 소식을 듣고 급히 사람을 보내 지체하지 말고 와달라고 간청하였습니다. 베드로가 도착했을 때 과부들이 울면서 다비다가 자신들을 위해 만들어준 옷들을 보여주었습니다.

이처럼 그녀가 사람들로부터 진심 어린 사랑을 받을 수 있었던 것은 그 선행이 아름다웠기 때문입니다. 선행과 구제가 하나님 앞에 상달된 다비다는 베드로의 기도로 다시 살아나는 축복을 받았습니다.

한편, 구제는 하나님께서 기뻐하시는 일이지만 대상을 잘 가려서 해야 합니다. 갈라디아서 6장 10절에 "우리는 기회 있는 대로 모든 이에게 착한 일을 하되 더욱 믿음의 가정들에게 할지니라" 말씀했으니 될 수 있으면 믿음의 가정을 구제해야 합니다. 그런데 형편이 어려운 사람 중에는 술이나 도박에 빠져서 일하지 않는 사람도 있습니다. 이런 경우에는 구제해 준다 해도 축복받을 수 없습니다.

또한 하나님을 믿는다면서도 불법을 행하다가 어려움에 빠진 사람을 긍휼히 여긴다 해서, 자금을 대주거나 동업을 한다면 이는 하나님 앞에 합당하지 않습니다. 오히려 함께 어려움을 당할 수 있지요.

구약 성경에 나오는 요나를 도운 사람들이 그랬습니다. 요나는 '니느웨로 가서 그 성이 멸망할 것을 외치라'는 하나님 말씀을 듣고는 다른 길로 도망하였습니다. 니느웨는 이스라엘을 괴롭히던 적국 앗수르의 수도입니다. 만일 그들이 하나님의 경고를 듣고 회개하면 멸망을 피할 수 있을 것입니다. 그것이 싫었던 요나는 니느웨와 반대 방향인 다시스로 가는 배를 탔습니다.

그런데 배가 항해 중에 대풍을 만났습니다. 파선의 위기까지 닥치자 선원들이 배를 가볍게 하려고 물건들을 바다에 던졌지만 소용이 없었습니다. 결국 그 일이 누구 때문인지 알기 위해 제비를 뽑았는데 요나가 뽑혔습니다. 요나는 자신 때문에 생긴 일이라며 자신을 바다에 던지라고 말합니다.

차마 그럴 수 없었던 선원들은 어떻게든 손을 써보려 했습니다. 하지만 풍랑은 더욱 심해졌습니다. 모두 죽게 될 상황에 이르자 할 수 없이 그들은 요나를 바다에 던졌습니다. 그때는 이미 심각한 손해를 입은 후였습니다. 긴 시간 동안 풍랑과 싸우느라 고생해야 했고, 자신들의 짐까지 다 바다에 던져버려 큰 피해를 입었던 것입니다.

용서나 책망도 영혼을 살리기 위한 목적으로 하는 것처럼, 구제 역시 영혼을 구원하기 위한 일입니다. 만일 상황을 분별하지 못하고 무조건 구제한다면 오히려 상대에게 해가 될 수도 있습니다. 그가 구제받은 물질을 범죄에 이용한다면 어찌 참된 구제라 할 수 있겠습니까.

예외적으로, 저는 불의를 행하여 연단 중에 있거나 거짓으로 속이는 사람인 것을 알면서도 구제할 때가 있습니다. 그렇게 해서라도 상대에게 회개할 기회를 주고, 그를 살릴 길을 찾으려는 것입니다. 물론 그렇게 해도 끝까지 회개하지 않고, 하나님을 떠나는 사람도 있습니다.

이런 경우라도 저는 손해를 본 것이 아닙니다. 몰라서 속은 것이 아니라, 알면서도 하나님 앞에 믿음으로 맡기며 그 영혼을 위해 심었기 때문입니다. 하나님께서는 제가 긍휼의 씨를 심은 것을 기억하셔서 반드시 축복을 주셨습니다.

선한 열매가 가득한 긍휼의 지혜

긍휼이 풍성히 임하면 반드시 아름다운 열매로 맺힙니다. 무엇보다 무수한 영혼을 구원으로 이끌어 '값진 구원의 열매'를 얻게됩니다. 또한 긍휼을 베푼 사람은 자신의 마음 안에도 선한 열매들을 맺습니다. 악인에 대해서도 끝까지 선으로 행하는 것, 인내와 사랑의 간구로 하나님 앞에 올려드리는 향이 다 열매에 속하지요. 이러한 선한 열매들로 인해, 이 땅에서뿐만 아니라 천국에서도 큰 영광을 누릴 수 있습니다.

우리의 구세주 되신 예수님께서는 상상할 수 없는 긍휼로 무수한 열매를 거두셨습니다. 죽을 수밖에 없는 영혼들을 불쌍히 여기고 십자가의 고통을 몸소 당하셨기에 그 긍휼의 열매로 무수한 사람이 구원에 이르게 되었습니다.

십자가를 거꾸로 지기까지 복음을 전한 사도 베드로, 우레의 아들이라 불렸지만 사랑의 사도로 변화된 사도 요한 등 성경에 나오는 인물 외에도 참으로 많은 열매를 맺었습니다. 앞으로도 얼마나 많은 영혼이 구원에 이르겠습니까.

우리 역시 주님의 긍휼로 맺힌 선한 열매입니다. 어느 성도는 이웃의 전도로 교회에 나와 신앙생활 하게 되었지만 마음 한편에는 자신의 삶을 원망하는 마음이 있었다고 합니다. 어려서 부모의 사랑을 받지 못하고 성장한 데다 결혼해서도 믿지 않는 남편으로 인해 신앙생활을 하기가 힘들었기 때문입니다. 경제적으로도 매우 어려웠습니다. 그분은 지금까지 인내하며 살아왔지만 누구 하나 알아주는 사람이 없다는 생각에 늘 마음이 어둡고 무거웠습니다.

어느 날, 그분은 하나님 말씀을 들으면서 이런 생각을 하지 않게 되었습니다. 독생자를 주신 하나님의 사랑과 자신을 구원하기 위해 희생하신 주님의 사랑을 깨달은 것입니다. 그동안 환경을 탓하며 상대를 원망하던 마음이 이제는 자신의 부족함을 돌아보며 회개하는 마음으로 바뀌었습니다.

이후로 그분은 예전에 원망하던 모든 것을 감사의 조건으로 바꾸었고, 믿지 않는 남편을 대신하여 십일조도 드리며, 기쁨으로 신앙생활을 하셨습니다. 그랬더니 이를 기뻐하신 하나님께서 그분의 아들을 통해 축복하셔서 물질의 어려움을 해결해 주셨고 더욱 행복하게 신앙생활 할 수 있도록 인도하셨습니다.

여러분은 주변에 성격이 모난 사람, 가는 곳마다 말썽을 일으키는 사람이 있다면 어떤 마음으로 대하십니까? 잠깐 스치는 생각으로라도 '저 사람은 교회에 나오지 말았으면…' 혹은 '다른 교구로 갔으면…' 하신 적은 없습니까? 하나님께서는 긍휼과 선한 열매가 가득하여 한 영혼 한 영혼을 사랑으로 돌아보기를 원하십니다.

마태복음 9장 13절에 "내가 긍휼을 원하고 제사를 원치 아니하노라 하신 뜻이 무엇인지 배우라 내가 의인을 부르러 온 것이 아니요 죄인을 부르러 왔노라" 했습니다. 히브리서 13장 16절에는 "오직 선을 행함과 서로 나눠주기를 잊지 말라 이 같은 제사는 하나님이 기뻐하시느니라" 말씀합니다.

이러한 하나님의 마음을 알아 행함과 진실함으로 이웃을 사랑하며, 상한 심령을 위로하고 구제하며 하나님을 기쁘시게 함으로 마음의 소원까지도(시 37:4) 응답받는 지혜를 발휘하시기 바랍니다.

Chapter 7

편벽과 거짓이 없는 지혜

모든 것을 공의롭고 정직하게 볼 수 있어야

편벽된 시각으로는 진실을 알지 못해

편벽과 거짓이 없으려면

진실과 거짓을 분별하려면

오직 위로부터 난 지혜는

첫째 성결하고 다음에 화평하고 관용하고

양순하며 긍휼과 선한 열매가 가득하고

편벽과 거짓이 없나니

야고보서 3:17

한 여인이 과자와 책 한 권을 사 들고 기차를 탔습니다. 자리를 찾아 앉으니 험상궂은 청년의 옆자리였습니다. 기차가 출발한 뒤 책을 읽던 그녀는 문득 청년이 과자를 먹는 모습을 보았습니다. '어? 허락도 없이 남의 과자를 먹네? 인상도 험악하더니….' 이런 생각을 하며 눈치를 주어도 그는 아랑곳하지 않습니다. 그녀는 과자가 자기 것임을 표현하기 위해 함께 먹었습니다. 그런데도 청년은 개의치 않았습니다.

기차가 목적지에 거의 도착했을 때 청년은 마지막 남은 과자를 반으로 톡 자르더니 한쪽을 그녀에게 주었습니다. 그러고는 '고맙다'거나 '미안하다'는 말도 없이 짐을 챙겨 자리를 떠났습니다. 여인은 어이가 없었습니다. 그런데 짐을 챙기다가 깜짝 놀라고 말았습니다. 자신이 샀던 과자가 가방 안에 그대로 있는 것이 아닙니까? 남의 과자를 마음대로 먹은 것은 바로 자신이었습니다.

이처럼 편견이나 선입관을 가지면 사실이 아닌 일도 사실인 것처럼 확신할 때가 있습니다. 그 여인은 청년에 대해 인상이 좋지 않다고 생각했기 때문에 그가 남의 것을 먹는다고 단정해 버렸지요. 가방을 확인해 보지도 않고 친절을 베푼 상대를 나쁘게만 생각한 것입니다. 그러니 사람에 대해서나 환경에 대해서나 편벽되지 않은 마음으로 봐야 진실에 더 가까이 접근할 수 있습니다.

모든 것을 공의롭고 정직하게 볼 수 있어야

편벽이 없다는 것은 '모든 것을 공의롭고 정직하게 볼 수 있다'는 뜻입니다. 매사에 치우침이 없다면 누구를 대하든지 한결같습니다. 외모나 경제적 여건, 학벌 등 상대가 가진 조건에 따라 태도를 달리하지 않지요. 무엇을 하든지 편벽이 없으려면 앞서 배운 '긍휼의 마음'이 있어야 합니다.

우리 마음에 사랑과 긍휼이 없으면 하나님 말씀을 많이 배운다 해도 그 말씀을 바르게 적용할 수 없습니다. 예를 들어, 하나님 말씀에 '원수도 사랑하라' 하지만 자신에게 피해를 주거나 이해할 수 없는 사람을 만나면 사랑하는 것이 쉽지 않습니다. 자신의 취향과 성품, 내가 옳다고 하는 것에 맞추기 때문입니다.

똑같은 사람이라도 볼록렌즈로 보면 뚱뚱해 보이고 오목렌즈로 보면 홀쭉해 보입니다. 만일 렌즈에 비치는 모습만 보고 "당신은 뚱뚱하다, 말랐다."라고 한다면 어떻게 될까요? 보는 사람 입장에서는 "내가 본 대로 말한다." 하지만 분명히 실제와 다르니 거짓말이 됩니다. 이 때문에 상대가 상처를 받을 수도 있습니다.

우리 안에 사랑과 긍휼의 마음이 없는 만큼 좌우로 치우치게 됩니다. 상대의 언행이 자신의 생각에 맞지 않으면 쉽게 상대를 판단하고 정죄합니다. 이처럼 자신의 편견 속에 상대를 바라보면 그 안에는 필연적으로 거짓이 섞여 나올 수밖에 없습니다.

진실하고 사랑과 긍휼이 있는 사람은 상대의 어떠한 모습을 본다 해도 비난하지 않습니다. 긍휼히 여기는 마음으로 감싸주려 하기 때문입니다. 긍휼은 생명을 살리는 선한 열매를 맺는 반면, 편벽됨은 판단과 정죄로 진실을 왜곡하며 생명을 잃게 만드는 악한 열매를 맺습니다.

예수님 당시의 바리새인들과 서기관들은 하나님 말씀을 가르치는 위치에 있었습니다. 그러기에 스스로 율법에 정통하다고 자부했습니다. 그러나 자신이 옳다고 여기는 편벽된 시각으로 율법을 해석하고, 이에 맞지 않는 사람은 죄인으로 단정지었습니다. 예수님께서 안식일에 병든 사람을 고치신 일을 두고 그들은 '안식일을 범하는 악한 일'로 생각합니다.

원래 안식일을 지키게 하신 하나님의 뜻은 무조건 일하지 말라는 것이 아닙니다. '영적인 안식을 취하라'는 의미이지요. 병든 사람을 고치거나, 복음을 전하며 영혼을 구원하는 일은 자기 유익을 구하는 노동이 아닙니다. 안식일에 마땅히 해야 할 선한 일입니다. 그런데도 그들은 자신의 편벽됨 속에서 '예수님이 안식일을 어겼다'고 판단합니다. 그리고 예수님에 대해 "하나님을 대적하는 사람"이라고 거짓된 결론을 내렸습니다.

편벽된 시각으로는 진실을 알지 못해

많은 사람이 자신의 편벽됨으로 일상생활 속에서 얼마나 거짓의 열매를 내는지 깨닫지 못합니다. 부모가 자녀들을 야단칠 때에도 그렇습니다. 형제간에 잘 놀다가 티격태격 다투는 경우가 있습니다. 그 모습을 본 부모가 형에게 다툰 이유를 물으면 "동생이 먼저 때렸어요." 하고 말합니다. 이 말만 들으면 동생의 잘못이 더 큰 것 같습니다.

그런데 동생에게 물어 보니 "형이 장난감을 뺏으려고 해서 그랬어요." 하고 나름의 이유를 댑니다. 만일 부모가 동생의 말을 들어 보지도 않고 동생을 혼냈다면 얼마나 억울하겠습니까. 부모가 형을 더 편애하거나 동생이 늘 말썽을 부렸다면 형의 말만 믿을 수 있지요. 그러나 지혜로운 부모라면 모든 것을 공의롭고 정직하게 볼 수 있어야 합니다.

이 외에도 자신의 유익과 생각에 맞춰 진실을 왜곡하는 경우도 많습니다. 편벽된 시각이 있으면 자신도 모르게 거짓된 언행이 나옵니다. 가령, 사랑하는 사람이 잘못을 범했다는 말을 들었다면 어떤 반응이 나올까요? "그럴 리가 없는데." 하며 믿지 않거나, "그럴 만한 이유가 있었겠지." 하며 어떻게든 허물을 덮어 주려고 합니다.

반면 평소에 싫어하던 사람이나, 나쁜 선입관을 가진 사람과 관련된 일이라면 안 좋은 소문도 금방 믿어버립니다. "전에도 이러이러한 잘못을 하더니 또 그런 일이 벌어졌구나.", "그 사람 어쩐지 마음에 안 들더라." 하며 그를 싫어하는 마음을 정당화시키기까지 합니다. 편벽된 마음이 있기 때문에 사실을 알려고 하기보다는 소문을 쉽게 받아들이고 상대를 판단하는 것입니다.

또 다른 예를 들어 보겠습니다. 맞은편에서 오던 사람이 여러분의 눈을 피하면서 급히 지나갑니다. 바빠서 그럴 수도 있고, 딴 생각을 하느라 주변 사람이 눈에 들어오지 않을 수도 있습니다. 또는 시력이 나빠 못 보았거나 화장 안한 얼굴이 민망해서 사람들을 피하려는 것일 수도 있습니다.

그런데 상대에 대한 사랑과 긍휼이 없으면, 이런 모습을 보고 나쁜 쪽으로 판단하기가 쉽습니다. "참 무례한 사람이구나." 하거나, "전에 부탁한 것을 안 들어줬더니 감정이 상했나 보다." 하고 자신의 지식과 감정 안에서 해석합니다. 이처럼 긍휼과 사랑이 없는 만큼 편벽된 시각으로 이런저런 생각을 동원하지요. 그러면 성령의 음성을 들을 수 없고 눈이 가려져 진실을 알 수 없습니다.

어떤 것을 선택해야 하는 상황에서 상담을 받을 때에도 이미 자기가 원하는 것이 있으면 그쪽으로 치우쳐 말합니다. '어느 편이 하나님 앞에 합당한지'를 들으려 하는 것이 아니라, '내가 원하는 것을 해도 되는지'를 묻습니다. 이럴 때에는 상담을 통해 어떤 답을 들어도 자신이 원하는 방향으로 해석하게 됩니다.

예를 들어, 어느 성도가 직장을 그만두고 개인 사업을 시작하려는 마음이 있습니다. 그런데 아내의 반대에 부딪히니 어쩔 수 없이 목사님을 찾아가서 자신의 생각을 말합니다.

"목사님, 지금 다니는 직장은 비전이 없고 적성에도 안 맞습니다. 게다가 근무 시간이 길어서 매일 기도하기가 어렵고 여러모로 신앙생활 하기에 지장이 많습니다. 그래서 제가 사업을 하려고 구상 중인데 비전도 있고 신앙생활도 더 잘할 수 있을 것 같습니다. 목사님 생각에는 어떠신지요?"

목사님 입장에서는 '하라, 하지 말라' 답을 줄 수 없습니다. 죄를 짓겠다는 것도 아니고, 신앙생활을 잘하기 위해서 사업을 하고 싶다는데 뭐라고 하겠습니까?

"비전이 있고 신앙생활도 잘 할 수 있는 안정된 사업이라면 해 보셔도 괜찮겠네요. 하지만 급하게 결정하지 말고 여러 사항을 더 고려한 후 가족이나 주변 분들의 의견도 들어보십시오. 무엇보다도 기도하셔서 하나님께 인도를 받는 것이 가장 중요합니다."라고 권면합니다.

그러면 이분은 얼른 아내에게 가서 "여보, 목사님께 직장 문제로 상담했는데 사업을 하는 편이 지금 직장보다 비전도 있고 신앙생활도 더 잘 할 수 있으니 좋겠답니다. 가족과 함께 기도해서 잘 인도받으라고 하셨으니 빨리 시작할 수 있도록 당신도 기도를 많이 해 줘요."라고 말합니다.

이분은 아내에게 사실을 말한 것일까요? 아닙니다. 아내 입장에서는 남편이 성급히 사업을 시작했다가 어려움을 겪게 될 경우를 생각하여 말리는데 남편 입장에서는 원하는 것을 성취하기 위해 목사님까지 내세워 거짓말을 하는 것입니다. 이때 아내 입장에서는 목사님이 그렇게 말씀하셨다고 하니 어쩔 수 없이 따르게 됩니다. 이처럼 전후 사정을 정확하게 말하지 않고 자신에게 유리한 쪽으로 말하는 사람도 있기 때문에 잘 분별하여 지혜롭게 상담해 주어야 합니다.

편벽과 거짓이 없으려면

성공한 사람들의 대다수가 자신의 성공 비결을 대인관계로 꼽는다고 합니다. 그만큼 대인관계가 중요하다는 말입니다. 그런데 대인관계에서 오는 갈등으로 고통받는 사람들은 대부분 상대에게 문제가 있는 것처럼 말합니다. 막상 상대에게 직접 들어보면 사정이 다릅니다. 그래서 한 사람의 말만 들어서는 공의롭고 정직하게 볼 수 없습니다.

저는 어떤 보고를 받을 때 한 사람의 말만 듣고 성급하게 결론을 내리지 않습니다. 누군가의 허물을 보고받았다 해도, 당사자에게 들어보면 내용이 다르기 때문입니다. 양쪽 말을 모두 들어봐야 정확한 상황이 드러나는 것입니다. 하지만 때로는 분명히 잘못을 저질러 놓고 자신의 잘못을 숨기거나 변명하려는 사람도 있습니다. 이럴 때에도 저는 책망하지 않고 그냥 믿어줍니다. 저 한 사람이라도 그의 말을 믿어줌으로 그 사람이 마음에 쉼을 얻고 힘을 얻어 변화되기를 바라기 때문입니다.

그렇다면 우리가 범사에 편벽과 거짓이 없이 진실하려면 어떻게 해야 할까요?

약한 사람에게 치우치는 것도 진리 안에서는 편벽된 일임을 기억해야 합니다.

출애굽기 23장 3절을 보면 "가난한 자의 송사라고 편벽되이 두호하지 말지니라" 말씀했습니다. 여기서 '가난한 자'란 경제적으로 어려운 사람뿐만 아니라 약하고 힘없는 사람을 포괄적으로 지칭합니다. 이해관계에 따라 부유하고 권세 있는 사람 편을 들어서도 안 되지만, 가난하고 약자라는 이유로 무조건 편벽되거나, 친분이 두텁다고 정에 치우친다면 올바른 판단을 할 수 없다는 말입니다.

사람들은 흔히 강자와 약자가 다툴 때 약자 편을 드는 것이 의롭다고 생각합니다. 힘 있는 사람 편을 들면 비겁한 행동인 것처럼 여기는 것입니다. 그러나 이것은 옳지 않으며, 오직 하나님 말씀을 기준으로 분별하고 판단해야 합니다. 하나님께서는 좌로나 우로나 치우치지 않고 정확하게 옳고 그름을 분별하되 사랑과 긍휼의 눈으로 분별하기를 원하십니다.

솔로몬의 아들 르호보암이 왕위에 올랐을 때의 일입니다. 백성들이 왕에게 찾아와 고역과 세금을 가볍게 해 달라고 요청했습니다(왕상 12:3~4). 솔로몬이 통일 이스라엘 왕국을 통치하면서 무리한 건축 공사를 계속 진행하여 백성이 과중한 부역과 세금으로 고통받았기 때문입니다.

르호보암이 백성을 사랑하며 하나님 말씀대로 살고자 하는 선한 왕이라면 선왕이 세금을 얼마나 거두었는지, 얼마큼 백성에게 고역을 부담시켰는지를 살펴서 좋은 해결방법을 찾았을 것입니다. 그런데 르호보암은 그렇지 못했습니다.

그는 백성에게 삼 일 후 다시 오라고 한 뒤 솔로몬을 섬겼던 원로들과 자신의 친구들에게 각각 의견을 물었습니다. 원로들은 백성이 원하는 대로 해 주라고 했지만 그의 친구들은 더 강경하게 다스려야 백성이 순종한다고 충고했습니다. 어리석은 르호보암은 현명한 원로들의 조언을 귀담아 듣지 않고 친구들의 말을 따랐지요.

잔뜩 기대를 하며 모여든 이스라엘 열 지파 대표들에게 그는 "내 부친은 너희의 멍에를 무겁게 하였으나 나는 너희의 멍에를 더욱 무겁게 할지라 내 부친은 채찍으로 너희를 징치하였으나 나는 전갈로 너희를 징치하리라"(왕상 12:14) 하였습니다. 이스라엘 열 지파는 사랑과 긍휼이 없는 악한 결정을 한 르호보암에게 등을 돌리고 말았습니다. 그들은 여로보암을 왕으로 세워 북이스라엘 왕국을 출범시켰습니다.

또한 직접 보고 들은 것이 아니라면 남의 말만 듣고 판단해서는 안 됩니다.

우리가 선입관이나 편견을 가지면 자신이 직접 보고 듣는다 해도 진실을 정확하게 분별하기가 어렵습니다. 하물며 남의 말만 듣고 섣불리 판단하거나 추측만으로 단정한다면 큰 잘못을 범할 수 있습니다.

이스라엘 백성이 가나안 땅을 정복할 때의 일입니다. 가나안의 관문이라 할 수 있는 여리고 성이 함락되고 중심부인 아이 성까지 이스라엘 진영에 떨어지자 가나안 땅에 거하던 여러 민족은 심각한 위협을 느끼고 연합전선을 펼치기로 합니다. 하지만 예루살렘 북서쪽에 살던 기브온 거민은 이 전쟁에 승산이 없다고 판단하고 독자적으로 이스라엘과 화친을 계획합니다.

하나님께서는 이스라엘 백성에게 가나안 땅 거민과는 어떤 약속도 하지 말라고 경계하신 상황입니다. 그들의 타락한 풍속에 물들까 염려하셨기 때문입니다. 그러나 가나안 땅에서 멀리 떨어진 곳에 사는 민족이 이스라엘을 섬기고자 할 때에는 화친해도 좋다고 허락하셨습니다. 기브온 거민은 이스라엘과의 화친이 어렵다는 것을 알고 얄팍한 속임수를 쓰기로 합니다.

그들은 곰팡이 핀 떡과 낡고 해진 옷 등을 준비하여 마치 자신들이 먼 지방에서 하나님의 명성과 이스라엘에 대한 소문을 듣고 찾아온 것처럼 속입니다(수 9:3~6). 여호수아와 이스라엘 백성은 그들의 행색을 살핀 후 경계를 풀었습니다.

　가나안 지경 사람이 아니면 화친해도 상관없다고 판단한 여호수아는 자세히 알아보거나 하나님께 묻지도 않은 채 이들의 요청대로 화친을 맺습니다. 이스라엘 백성은 삼 일 후에야 그들이 기브온 거민임을 알았지만 이미 화친을 맺은 뒤였습니다. 결국 자신들이 정복해야 할 기브온 지역을 그들에게 고스란히 넘겨주고 말았습니다.

　이처럼 자세히 살피지 않고 상대의 말만 믿는다면 그릇된 판단을 할 수 있습니다. 실생활에서도 마찬가지입니다. 특히 큰 이익이 눈앞에 있다면 더 쉽게 상대의 말을 믿어버립니다.

　예를 들어, 어떤 사업이 수익성이 좋다는 말만 듣고 거액을 투자했는데, 사기를 당하거나 큰 손해를 봤다면 누구를 원망하겠습니까? 사업에 대한 정보를 들었다면 참고는 하되, 다방면으로 철저히 조사해야 합니다. 거래할 상대가 신뢰할 만한지, 수익성이 확실히 있는지 꼼꼼히 따져 봐야지요. 비단 사업만의 문제가 아닙니다. 보고 듣고 판단하는 모든 일에 신중을 기해야 마음을 더 반듯하게 만들고 공정하게 일을 이룰 수 있습니다.

마지막으로, 편벽과 거짓이 없으려면 감정과 사심을 버려야 합니다.

사람들은 대부분 자신과 친분이 있거나 자신에게 잘해 주는 사람에게는 더 너그러운 잣대를 적용합니다. 가령, 친하지 않은 사람이 원칙을 지키지 않으면 "교만하여 질서를 어긴다, 불의하다." 말합니다. 그러나 자신의 가족이나 친한 사람이 원칙을 지키지 않을 때에는 '사정이 있었을 것'이라 생각합니다.

'아이 싸움이 어른 싸움 된다.'는 말이 있습니다. 자녀가 이웃집 아이에게 맞고 들어오면 잘잘못을 따지기 전에 감정부터 올라오는 부모의 모습을 표현한 말이지요. 내 아이가 때린 것은 생각하지도 않고, 맞은 상처만 보고 화를 내니 그런 현상이 나타나는 것입니다.

또 회의 중에 평소 싫어하던 사람이 의견을 내면 의견 자체까지 부정적으로 바라보는 경향이 있습니다. 반대로 친한 사람이 의견을 내면 더 유연한 자세를 취합니다. 이처럼 편벽된 마음이 있으면 눈이 가려지기 마련입니다.

따라서 어떤 말을 하거나 무엇을 생각할 때에 내 마음에 감정이나 사심은 없는지 살펴야 합니다. 사랑하는 사람, 가까운 사람과 관계된 일이라면 더욱 공정하게 말하고 행동할 수 있어야 하지요. 특히 직분상 윗사람이라면 더욱 근신하며 절제해야 합니다. 치우치지 않게 분별했으니 '이 정도는 괜찮겠지.' 생각한 것도 남들이 보기에는 정과 욕심이라 여길 수 있습니다.

진실과 거짓을 분별하려면

우리가 죄악을 버리고 성결되면 사람의 마음이나 일의 전후 상황까지도 정확히 분별이 됩니다. 진리에 비추어 상대의 마음을 분별하고, 어떠한 것도 악으로 판단하지 않기 때문에 진실을 읽을 수 있습니다.

따라서 편벽이 없이 하나님의 뜻을 알려면 성결되어야 합니다. 곧 미움, 혈기, 시기, 욕심, 판단, 정죄, 자존심, 교만 등 마음의 죄악들을 모두 버려야 하는 것입니다. 이렇게 성결되어 무엇이든지 선으로 보고 느끼며 선으로 생각해야 올바로 분별할 수 있습니다. 모든 것을 선하게 생각하며 진리로 분별하니 당연히 판단 정죄도 나오지 않지요. 그렇지 않으면 자기 기준에 맞추어 판단하게 되므로 타인을 오해하거나 상처를 줍니다.

예수님께서는 "네 눈 속에서 들보를 빼어라 그 후에야 밝히 보고 형제의 눈 속에서 티를 빼리라"(마 7:5) 말씀하셨습니다. 자신의 마음에 사랑이 없으므로 자신에게는 들보와 같이 큰 죄가 있음도 알지 못하고 편벽과 거짓 속에서 상대의 티를 보게 되는 것입니다.

그러므로 사랑과 긍휼의 마음을 가져 편벽된 시각으로 판단 정죄하는 일이 없어야 하겠습니다. 깊은 마음속의 죄악까지도 버림으로 수정같이 맑고 보석같이 아름다운 마음의 눈으로 모든 것을 공의롭고 정직하게 분별하시기 바랍니다.

Chapter 8

화평으로 맺는
의의 열매

화평케 하는 자들은

화평으로 심어 의의 열매를 거두느니라

야고보서 3:18

불이 났을 때에 물 대신 기름을 끼얹는 사람은 없을 것입니다. 이런 단순한 이치를 알면서도 때로는 반대로 행동하는 사람이 있습니다. 예컨대, 상대가 몹시 화가 나 있는 걸 알면서도 더 분을 돋우는 말을 하는 것입니다.

부부의 경우에도 보면, 사소한 일로 다투다 이내 감정이 생겨 "헤어지자"는 말을 서슴지 않는 사람이 있지요. 이는 불에 기름을 끼얹는 격으로 상대의 화를 돋우는 과격한 말입니다. 결국 상황을 악화시켜 다툼이 끊이지 않습니다. 우리에게 화평을 이루는 지혜가 있다면 어떤 상황에서도 상대를 이해하고 포용하며 선한 말로써 모두와 화평할 수 있습니다.

하나님 보시기에 의를 행하는 것

야고보서 3장 17~18절에 "오직 위로부터 난 지혜는 첫째 성결하고 다음에 화평하고 관용하고 양순하며 긍휼과 선한 열매가 가득하고 편벽과 거짓이 없나니 화평케 하는 자들은 화평으로 심어 의의 열매를 거두느니라" 말씀했습니다.

17절에 나온 '화평'은 주로 사람들과의 화평입니다. 그러나 18절에 나온 '화평'은 하나님과의 화평을 의미합니다. '하나님과의 화평'이란 하나님과 나 사이에 죄의 담이 없는 것을 말합니다. 우리가 성결과 화평, 관용과 양순, 긍휼과 선한 열매, 편벽과 거짓이 없는 것의 항목들을 다 이루었을 때 '화평케 하는 자'가 될 수 있습니다. 이런 사람은 하나님께 화평으로 심었으니 의의 열매를 거두게 됩니다.

사람들은 종종 눈에 보이는 사람과의 화평만을 생각하여 하나님과의 화평을 깨뜨립니다. 진리를 어기고 불의와 타협하면서 '화평을 이루는 지혜'라고 생각하지요. 혹은 사람과의 관계 속에 정 때문에 하나님 말씀을 어기는 경우도 있습니다.

흔한 예가 보증을 서는 일이나 돈 거래입니다. 성경 말씀에 '남의 빚에 보증이 되지 말라'(잠 22:26), '사랑의 빚 외에는 아무 빚도 지지 말라'(롬 13:8) 하셨습니다. 저는 개척 때부터 지금까지 성도들에게 "성도간에 보증을 서거나 돈 거래 하지 마십시오. 그런 일 때문에 어려움이 생깁니다." 하고 가르쳐왔습니다.

그런데 막상 가까운 사람이 "보증을 서 달라" 하거나 "사업

자금을 빌려 달라" 하면, 하나님 말씀을 잊고 불순종하는 분들이 있습니다. 믿음의 형제가 "어렵다, 도와 달라"고 할 때 차마 뿌리치지 못하고 보증을 서 주는 것입니다. 이는 스스로 어려움을 자초하는 일입니다. 되돌려받지 않을 마음이라면 몰라도, 그렇지 않으면 어려움을 겪다가 서로 원수 맺는 일도 생깁니다.

이는 사람과의 화평을 하나님과의 화평보다 먼저 생각했기 때문에 빚어진 일입니다. 자기 유익을 구하여 타협하는 것과 하나님의 영광을 위한 화평을 잘 구별해야 합니다.

다니엘의 세 친구는 소년 시절 바벨론 포로로 끌려갔습니다. 포로의 신분이었지만, 그들은 하나님 말씀대로 살고자 했지요. 하나님께서는 이런 그들을 총명하게 하셨습니다. 그런데 어느 날, 다니엘의 세 친구에게 신앙에 대한 도전이 찾아왔습니다. 왕이 섬기는 금 신상에 절하지 않으면 풀무 불에 던진다는 것입니다. 그들이 왕과 화평을 깨뜨리지 않으려면, 우상 앞에 한 번만 절하면 됩니다. 그러나 이는 하나님 앞에 큰 죄이고, 하나님과의 화평을 깨뜨리는 일입니다.

그들은 왕과 화평이 깨지고 자신의 생명을 잃을 수 있는 상황에서 하나님과의 화평을 택합니다. 그 결과 하나님께서는 그들의 의로운 행동을 크게 드러내셨습니다. 그들이 생명의 위협에도 타협하지 않으니 왕은 매우 화가 나서 평소보다 칠 배나 더 뜨겁게 한 풀무 불에 던져 넣었습니다. 하지만 그들은 전혀 해를 입지 않았으며 머리털 하나도 그슬리지 않았지요. 그 기적을 본 왕은 하나님께 크게 영광 돌렸을 뿐 아니라 그들의 지위를 더욱 높여 주었습니다(단 3:28~30).

하나님과의 화평을 지킴으로 다니엘의 세 친구는 하나님의 축복을 받았을 뿐만 아니라, 하나님과 사람들 사이에서 '화평케 하는 자'의 역할도 감당했습니다.

우리가 화평케 하는 자가 되려면 자기 보기에 의가 아닌 하나님 보시기에 의를 행하는 것이 중요합니다. 출애굽기 15장 26절을 보면 "너희가 너희 하나님 나 여호와의 말을 청종하고 나의 보기에 의를 행하며" 하여 사람 보기에 의와 하나님 보시기에 의가 서로 다르다는 사실을 알려 줍니다.

하나님을 알지 못하는 사람들은 대부분 "원수를 갚는 것이 의롭다." 말하지만 하나님께서는 모든 사람을 사랑하며 원수까지도 사랑하는 것을 의롭다 하십니다. 사람들은 끝까지 자신의 신념을 굽히지 않는 사람을 의롭다 말합니다. 하지만 하나님께서는 자기 보기에 옳은 것을 따라 화평을 깨는 사람을 의롭다 하지 않으십니다.

하나님 보시기에 의란

세상에서는 미움, 혈기, 시기, 다툼, 간음, 욕심 등 마음에 많은 악이 있어도 행위로 범죄하기 전에는 불의하다 하지 않습니다. 그러나 하나님께서는 행위로 범죄하지 않아도 마음에 악이 있다면 불의하다 하시지요. 이처럼 사람이 생각하는 의와 하나님께서 말씀하시는 의는 다릅니다.

전도서 12장 13절에 "일의 결국을 다 들었으니 하나님을 경외하고 그 명령을 지킬지어다 이것이 사람의 본분이니라" 했습니다. 하나님 말씀이 기록된 성경을 보면 '기도하라, 사랑하라, 도둑질하지 말라, 간음하지 말라, 안식일을 지키라, 악은 모양이라도 버리라' 등 '하라, 하지 말라, 지키라, 버리라' 하신 말씀들이 있습니다. 이러한 말씀대로 흠 없게 행하는 것이 바로 하나님 보시기에 의를 이루는 것입니다.

사람이 생각하는 의와 하나님께서 보시는 의가 다를 때에는 반드시 하나님께서 보시기에 의로운 쪽을 택해야 합니다. 하지만 많은 사람이 자기 보기에 의로운 쪽을 택하는 것을 봅니다.

하나님을 믿는다는 사람 중에도 조상들을 섬기는 제사상에 절하거나 점을 보는 일이 괜찮다고 말하는 이가 있습니다. 우리나라 미풍양속인데 어떠냐는 것이지요. 한 술 더 떠서 절하지 않으면 믿지 않는 가족들의 마음을 상하게 하니 가정복음화의 길이 막힌다고 합니다. 그러나 영의 세계에서는 원수 마귀 사단에게 굴복하는 것입니다. 하나님과의 화평이 깨지면 하나님께서 도와주실 수 없으니 가정복음화는 더욱 어려워지지요.

잠언 16장 7절에 "사람의 행위가 여호와를 기쁘시게 하면 그 사람의 원수라도 그로 더불어 화목하게 하시느니라" 하셨습니다. 이처럼 하나님과 먼저 화평을 이룰 때 사람과도 화목할 수 있습니다. 만약 하나님과의 화평을 깨뜨리고 사람과 화평을 이룬다면 그 화평은 언제든지 깨질 수 있고, 결과적으로 아무 유익이 되지 않습니다.

화평으로 심어 의의 열매를 거두려면

똑같이 제사상에 절하지 않는다 해도, 그 방법에 있어 얼마나 지혜롭게 행하는지에 따라 결과는 달라집니다. 성령의 도우심 속에서 선하고 지혜로운 말로 믿지 않는 가족들을 설득할 수 있다면 좋지만 그럴 상황이 아니면 차라리 잠잠한 것이 낫습니다. 잠잠히 기도하면서 꾸준히 하나님 앞에 선을 쌓아 나갈 때, 때가 되면 가족복음화의 기회가 옵니다.

어떤 사람은 마음이 급하여 자신이 앞서서 행하다가 일을 그르치는 경우가 있습니다. 강한 말로 자기 의견을 주장하거나, 감정 섞인 말로 다투는 등 가족들의 마음을 상하게 합니다. 이렇게 해서 가족복음화가 더디게 이루어진다면, 스스로 먼 길을 빙빙 돌아가는 것입니다. 자신이 옳다 해도 자기 의로움 속에 불필요한 일을 행하여 더 큰 연단을 불러온다면 그것은 지혜가 아닙니다.

사도행전에 나오는 스데반은 자신에게 돌을 던지는 사람들을 위해 기도할 만큼 악이 없었습니다. 그런데도 돌에 맞아 순교한 것은 사람들의 악을 지적했기 때문입니다. 초대교회 당시 그는 집사였는데도 은혜와 권능이 충만하여 큰 기사와 표적을 행했습니다. 뿐만 아니라 그가 지혜와 성령으로 말하는 것을 당할 사람이 없었지요.

그러자 어떤 사람들은 그가 모세와 하나님을 모독한다고 트집을 잡았습니다. 그들은 백성과 장로와 서기관들을 충동시켜 스데반을 잡고 공회를 열어 거짓 증인까지 세웁니다. 그때 스데반은 그들 앞에서 조상의 역사를 더듬으며 담대하게 강론합니다.

"목이 곧고 마음과 귀에 할례를 받지 못한 사람들아 너희가 항상 성령을 거스려 너희 조상과 같이 너희도 하는도다 너희 조상들은 선지자 중에 누구를 핍박지 아니하였느냐 의인이 오시리

라 예고한 자들을 저희가 죽였고 이제 너희는 그 의인을 잡아 준
자요 살인한 자가 되나니 너희가 천사의 전한 율법을 받고도 지
키지 아니하였도다"(행 7:51~53)

이 말을 듣고 마음이 찔린 사람들은 스데반을 향해 이를 갈
았습니다. 그런 상황에서 스데반이 성령 충만하여 하나님의 영광
과 예수님께서 하나님 우편에 서신 것을 본다고 말합니다. 그러자
사람들이 더는 참지 못하고 소리를 지르면서 그에게 달려들어 돌
로 쳐죽였지요. 그는 의로운 마음으로 분명한 사실을 전하고 진
리로 말하였지만, 악한 사람들 입장에서는 자신들을 찌르니 견딜
수 없었던 것입니다.

참으로 온전한 사람일수록 그런 문제들을 지혜롭게 피해 갈
수 있습니다. 물론 스데반 집사의 행동이 잘못이라는 것은 아닙
니다. 상대의 악을 깨우쳐 주어 돌이키게 하려 한 것이니, 분명 하
나님 앞에 의로운 행동입니다. 또한 그는 순교자로서 하나님께
칭찬을 받고 아름다운 천국에서 영원토록 영광을 누릴 것입니다.
그러나 그런 상황에서도 지혜롭게 피할 길을 좇아 행했다면 생명
을 잃지 않고 더욱 많은 사역을 하여 하나님의 영광을 나타낼 수
있었을 것입니다.

예수님께서는 모든 언행이 온전하여 누구에게도 흠 잡힐 말씀

은 하지 않으셨고, 아무에게도 무례를 범치 않으셨습니다. 많은 일을 하셨지만 문제를 일으키지 않았고, 주위의 모든 환경을 고요하게 평정해 가셨지요.

우리가 하나님을 사랑하며 의를 이루어 간다 해도 말이나 행동이 온전치 못한 만큼 상대의 감정을 상하게 하거나 마음을 아프게 할 수도 있습니다. 그러므로 "나는 옳은 일을 했는데 상대편에서 걸리는 것을 어떻게 하느냐?" 말할 것이 아니라 예수님께서는 어떻게 행하셨는지 묵상함으로 지혜로운 해답을 얻어야 합니다.

이처럼 하나님의 뜻에 합당한 쪽을 택할 뿐 아니라, 방법론에 있어서도 선한 지혜를 받아야 합니다. 그래야 속히 응답을 받고, 모든 사람과도 화평을 이룰 수 있습니다.

하나님과의 화평은 하나님과 나와의 관계일 뿐 아니라, 온 집에 충성하는 것과도 연관이 있습니다. 온 집에 충성이란 내가 속한 모든 분야에 넘치게 충성하는 것을 말합니다. 이런 사람은 섬김과 희생, 사랑과 덕으로써 모든 사람과도 화평을 이루게 됩니다. 이렇게 화평을 이루면 하나님 앞에 영적인 담대함을 얻어 구하는 것마다 응답받고, 가는 곳마다 축복의 열매를 맺을 수 있습니다.

선의 지혜를 받아 의의 열매를 가득 맺어야

모든 인류는 첫 사람 아담의 불순종으로 인해 죄인이 되어 하나님과의 화평이 깨졌습니다. 그러나 죄 없으신 예수님께서 십자가에 달려 죽으심으로 화목제물이 되어 주셨습니다. 누구든지 예수 그리스도를 믿음으로 하나님의 자녀 된 권세를 얻고 하나님과 화평을 이룰 수 있는 길을 열어주신 것입니다.

로마서 5장 1절에 "우리가 믿음으로 의롭다 하심을 얻었은즉 우리 주 예수 그리스도로 말미암아 하나님으로 더불어 화평을 누리자" 말씀합니다. 우리가 하나님과 더불어 화평을 누리려면 어떻게 해야 할까요?

죄 사함을 받았다고 해서 그것으로 끝이 아닙니다. 믿음으로 의롭다 하심을 받았으면, 이제 행함이 있는 참 믿음으로 성장해야 합니다. 죄악을 벗고 하나님의 의를 마음에 이뤄나가야 합니다. 만일 행함 있는 믿음으로 성장하지 않고 여전히 죄 가운데 살면, 또다시 하나님과 화평이 깨지게 됩니다.

하나님께서는 독생자를 아낌없이 내어주시기까지 모든 것을 희생하여 우리와 화평을 이루셨습니다. 그러니 우리 편에서 더 이상 화평을 깨는 일은 없어야 합니다. 속히 모든 죄악을 벗고 항상 하나님과 화평할 뿐 아니라 점점 깊은 신뢰관계를 만들어 믿음의 조상 아브라함처럼 의의 열매가 가득해야 하지요.

아브라함은 하나님이 보시기에 마음이 아름다우며 많은 사람을 포용할 수 있는 사람이었습니다. 한번은 그랄 왕 아비멜렉의 종들이 아브라함의 우물을 빼앗은 적이 있었습니다. 이에 대해 아브라함은 아비멜렉을 책망합니다.

아비멜렉이 자신의 종들이 한 일은 자기 의지와는 상관 없는 일이라고 호소하자(창 21:26), 아브라함은 더는 책임을 추궁하지 않았지요. 그는 아비멜렉에게 면박을 주려 하거나 보상을 바라는 마음으로 책망한 것이 아닙니다. 다만 일을 짚고 넘어감으로 앞으로 이런 일이 생기지 않도록 하기 위함이었지요. 아브라함은 우물로 인해 다시 오해가 생기지 않도록 양과 소를 아비멜렉에게 줌으로써 둘 사이에 언약을 세웠습니다.

책망을 하면서도 화평을 좇고, 화평을 좇으면서도 서로 간에 명확히 선을 긋는 모습입니다. 종들의 잘못에 책임을 지고 피해를 보상해야 할 아비멜렉에게 아브라함이 도리어 우물 값을 치르자, 아비멜렉은 중심에서 굴복하였습니다. 이후로는 종들을 단속하여 우물을 넘보지 못하게 하였지요. 이처럼 아브라함은 모든 일을 선의 지혜로써 깔끔하게 처리했습니다. 모든 사람과 화평하며,

나아가 어떤 문제의 소지도 없도록 하였습니다.

이렇게 화평을 이루는 선의 지혜를 소유하면 하나님 나라를 이룰 때에도 더 신속하게 이룰 수 있습니다. 혹 자신을 반대하는 상대라도 선의 지혜로써 마음을 얻는다면 나를 돕는 사람으로 만들 수 있습니다. 이러한 선의 지혜는 자신의 것을 내어줄 수 있는 넉넉한 마음과 사심 없이 정직하게 행할 때에 주어집니다.

뿐만 아니라 아브라함은 거짓이 없고 진실했습니다. 또 하나님의 뜻이면 무엇이든 순종할 수 있는 중심이었기에 하나님과도 화평하였습니다. 하나님께서 "너는 너의 본토 친척 아비 집을 떠나 내가 네게 지시할 땅으로 가라" 하셨을 때에 주저하거나 낙심하지 않고 그대로 순종했습니다(창 12장).

이러한 마음이었기에 하나님께서는 그에게 독자 이삭을 통해 후손이 하늘의 별과 바다의 모래와 같이 많게 하겠다고 약속하셨습니다. 하나님께서 백세에 얻은 독자를 짐승처럼 번제로 드리라 하셨을 때에도 아브라함은 순종하였습니다. 죽은 사람도 살리시는 하나님을 온전히 믿었기에 망설임이 없었던 것입니다. 하나님께서는 이처럼 순종할 그의 중심을 아시고 이삭 대신 번제로 드릴 숫양을 미리 준비해 주셨습니다(창 22장).

아브라함은 오직 말씀에 순종하였기에 하나님이 주시는 복을 넘치게 받았습니다. 물이 귀한 지역임에도 그가 거하는 땅이 복을 받아 그에게는 물이 풍부했고, 육축과 은금도 넘쳤습니다. 당시 육축이 많다는 것은 부를 의미합니다. 하나님 말씀을 좇아 그대로 순종하니 그는 하나님께서 함께하심으로 가는 곳마다 복을 받고 형통했습니다.

화평케 하는 자에게 임하는 축복

하나님과 화평을 이룬 사람은 다른 사람들도 하나님과 화평할 수 있도록 이끌어 줍니다. 아브라함이 하나님 앞에 화평하므로 그와 함께한 롯도 축복을 받았습니다. 또 모세로 인해 이스라엘 백성이 하나님의 용서와 긍휼을 입었습니다. 광야에서 백성이 불평불만 하고 금송아지를 만들어 섬기는 등 하나님 앞에 큰 죄를 범했을 때 모세는 자신이 지옥에 가더라도 그들이 구원받기를 하나님께 구하였지요.

"슬프도소이다 이 백성이 자기들을 위하여 금신을 만들었사오니 큰 죄를 범하였나이다 그러나 합의하시면 이제 그들의 죄를 사하시옵소서 그렇지 않사오면 원컨대 주의 기록하신 책에서 내 이름을 지워 버려 주옵소서"(출 32:31~32)

이처럼 다른 영혼들까지 하나님께 인도하여 화평하게 할 수 있을 때, 하나님의 참 자녀라 할 수 있습니다. 마태복음 5장 9절에 "화평케 하는 자는 복이 있나니 저희가 하나님의 아들이라 일컬음을 받을 것임이요" 하신 대로입니다.

요셉은 이방 나라에 종으로 팔려가고 억울하게 감옥에 갇히기도 했지만 하나님을 신뢰하며 성실히 행했습니다. 하나님께서는 이런 그에게 애굽 왕이 꾼 꿈을 해석할 수 있는 능력을 주셨습니다. 그 꿈은 장차 애굽에 7년 동안 풍년이 있고, 이어 7년 동안 흉년이 있을 것을 예고하는 것이었습니다. 뿐만 아니라 하나님께서는 요셉에게 흉년을 대비할 수 있는 지혜까지 주셨습니다.

이로 인해 요셉은 당시 강대국이었던 애굽 총리의 자리에까지 오르게 됩니다. 그는 7년간 계속된 흉년 중에 애굽을 구하고 섬기는 왕을 부요하게 만들었습니다. 뿐만 아니라 자신의 부모와 형제들도 기근에서 구하여 마침내 이스라엘 민족을 이루는 길도 열렸습니다.

하나님과 화평을 이룬 사람은 위로부터 난 지혜를 받아 힘들고 어려운 세상 속에서도 많은 사람을 위로하고 평안케 하며, 축복의 길로 인도합니다. 하나님의 지혜란 성경에 기록된 하나님의 말씀 자체입니다. 계명을 지키고 악을 버리며 성결을 이룬 마음에 성령의 인도를 받으면 위로부터 하나님의 지혜가 임합니다.

성결과 화평, 관용과 양순, 긍휼과 선한 열매, 편벽과 거짓이 없는 것, 이런 하나하나의 항목들을 마음 깊이 새겨 사람들과의 화평은 물론 하나님과의 화평을 온전히 이루시기 바랍니다. 진리 안에 산다 해도 늘 기도하는 마음으로 자신의 마음을 점검하며 온전함을 이루어야 무수한 영혼을 구원의 길로 인도할 수 있습니다.

그리하여 화평케 하는 자로서 하나님의 평안과 축복 중에 거하며 풍성한 의의 열매를 거두어 천국에서도 해와 같이 빛나는 영광을 누리시기를 주님의 이름으로 축원합니다.

저자 이재록 목사

불같은 성령의 역사로 만민을 깨우는 권능의 목회자.

1982년 13명의 성도로 시작된 만민중앙교회를 성령의 역사 속에 전 세계 1만 1천여 지·협력 교회와 함께 사역하는 초대형 교회로 성장시켰다. 예수님께서 복음을 전하신 후 따르는 표적으로 말씀을 입증한 것처럼 이재록 목사는 하나님께서 함께하시는 권능을 통하여 성경이 참된 진리임을 확증하고 있다.

우간다, 일본, 파키스탄, 케냐, 필리핀, 온두라스, 인도, 러시아, 독일, 페루, 콩고민주 공화국, 미국, 에스토니아, 이스라엘 등에서 연합대성회 부흥사로 활발하게 사역해 왔으며 집회 시 폭발적인 권능의 역사가 나타나 CNN 등에 보도되었다. 영어권 기독 포털 사이트 '크리스천 텔레그래프'와 러시아어권 세계적 포털 사이트 '인빅토리' 공동으로 세계에서 가장 크게 영향을 끼친 10대 기독교 지도자로 2년 연속 이재록 목사를 선정한 바 있다.

GCN 방송을 통해 성결의 복음과 하나님의 권능을 전 세계에 전파하고 있으며 〈죽음 앞에서 영생을 맛보며〉를 비롯하여 〈십자가의 도〉, 〈천국 상·하〉, 〈지옥〉, 〈믿음의 분량〉, 〈하나님의 벗 아브라함〉 등 100권이 넘는 다양한 신앙 저서로 성도들의 영적 성장을 이끌고 있다.

한 영혼도 잃지 않기를 원하시는 하나님의 사랑의 섭리를 이루어 드리고자 말씀과 기도에 전무하고 있다.

이 같은 것을 금지할 법이 없느니라

새 예루살렘으로 인도하는 성령의 열매

하나님의 마음을 얼마나 닮았는지 점검하는 척도가 되며,
신앙 여정의 이정표와 같은 성령의 아홉 가지 열매에 대해
감동적으로 전한다.

젖과 꿀이 흐르는 땅 가나안 정복사

수천 년의 시간을 뛰어넘어 바라다본 이스라엘 역사를 통해
우리가 간과하기 쉬운 미세한 일들이
삶에 얼마나 큰 반향을 일으키는지
마음 깊이 깨닫게 하는 감동의 메시지!

깨어라! 이스라엘

마지막 때 숨겨진 하나님의 사랑과 비밀

간절히 메시아를 기다려 왔던 모든 유대인들에게
하나님의 사랑을 깨닫게 하며,
마지막 때를 살아가는 온 인류에게 전하는 경고의 메시지!

일곱교회 모든 교회를 깨우시는 주님의 메시지

교회의 참 모습을 찾으시는 주님의 간절한 외침,
일곱 별의 비밀은 무엇인가?
주님께서 진정 기뻐하시는 교회는 어떤 교회인가?

나의 삶 나의 신앙 1, 2

지금도 성경의 기적이 계속되고 있다.
왜 믿음으로 기도받는 이마다 치유되고 살아나는가?
멈추지 않는 성령의 역사, 그 비밀의 열쇠는 무엇인가?

Tel 02-837-7632, 070-8240-2072, Fax 02-869-1537    우림북 urimbooks.com

● 전자책(e-book) 구입 : 한국어 및 외국어 번역 도서 – 인터넷 교보, 리디북스 등 전자책 서점, 아마존닷컴(amazon.com), iBookstore, 구글플레이북 스토어 등

지혜

초판 1쇄 발행 2011년 5월 31일
  2쇄 발행 2012년 1월 12일

지은이   이재록
발행인   빈성남
편집인   빈금선

발행처   우림북
등 록   1989년 4월 11일 제 1-904호
주 소   156-848 서울시 동작구 여의대방로22길 73, 1층
영업부   02-837-7632, 070-8240-2072
팩 스   02-869-1537

등록번호   제1-904호

ISBN 978-89-7557-431-3

우림

우림은 구약 시대에 대제사장이 하나님의 뜻을 묻기 위해 사용하던 판결 흉패이며,
히브리어로 '빛'이라는 의미가 있습니다(출애굽기 28:30).
빛은, 곧 하나님 말씀이며 생명입니다.
우림북은 온 누리에 참 빛을 비추고자 오늘도 기도와 정성으로 문서선교 사역에 앞장서고 있습니다.